"中国劳模"系列丛书

乌奴耳的"绿色造梦人"

乌日娜

易玲◎著

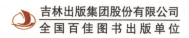
吉林出版集团股份有限公司
全国百佳图书出版单位

图书在版编目（CIP）数据

乌奴耳的"绿色造梦人"：乌日娜／易玲著.

长春：吉林出版集团股份有限公司，2025.3. --（"中国劳模"系列丛书／徐强主编）. -- ISBN 978-7-5731-6283-0

Ⅰ. K826.3

中国国家版本馆CIP数据核字第2025HB0481号

WUNUER DE "LÜSE ZAO MENG REN" : WURINA

乌奴耳的"绿色造梦人"：乌日娜

出 版 人	于 强
主 编	徐 强
著 者	易 玲
组稿统筹	东北师范大学文学院创意写作研究中心
责任编辑	宫志伟
装帧设计	刘美丽

出 版	吉林出版集团股份有限公司
发 行	吉林出版集团社科图书有限公司
地 址	吉林省长春市南关区福祉大路5788号　邮编：130118
印 刷	唐山富达印务有限公司
电 话	0431-81629711（总编办）
抖 音 号	吉林出版集团社科图书有限公司　37009026326

开 本	710 mm×1000 mm　1／16
印 张	9
字 数	90 千字
版 次	2025 年 3 月第 1 版
印 次	2025 年 3 月第 1 次印刷

书 号	ISBN 978-7-5731-6283-0
定 价	55.00 元

如有印装质量问题，请与市场营销中心联系调换。0431-81629729

序 言

劳动创造财富，劳动创造幸福，劳动创造未来。习近平总书记在2020年全国劳动模范和先进工作者表彰大会上的讲话中指出："全社会要崇尚劳动、见贤思齐，加大对劳动模范和先进工作者的宣传力度，讲好劳模故事、讲好劳动故事、讲好工匠故事，弘扬劳动最光荣、劳动最崇高、劳动最伟大、劳动最美丽的社会风尚。"当今世界，综合国力的竞争归根到底是科技人才和高素质劳动者的竞争。改革开放以来，我们强大的工人队伍用辛勤的劳动和拼搏奉献的精神推动中国制造、中国智造、中国创造走向世界的前列，使新时代的中国面貌日新月异。大力弘扬劳模精神、劳动精神、工匠精神，加强高素质技能人才队伍建设，打造一支宏大的知识型、技能型、创新型劳动者队伍，是伟大时代赋予我们的历史责任。

劳动模范是民族的精英、人民的楷模，是共和国的功臣。自改革开放以来，广大职工勇立改革潮头，独立自主，奋发图强，勇于创新，其中涌现出一批批全国劳模和大国工匠。他们参与建设了代表中国高度、中国速度、中国深度的一系列重大工程，提升了国家实力，打造了"中国名片"，树立了"中国品牌"，增添了"中国力量"，充分释放出工人阶级的创新活力，展示出大国工匠的强大创造力。他们以工人阶级的满腔热忱在各自平凡的工作岗位上取得了辉煌的成绩，书写了新时代的壮丽篇章。

爱岗敬业、争创一流、艰苦奋斗、勇于创新、淡泊名利、甘于奉献的劳模精神，崇尚劳动、热爱劳动、辛勤劳动、诚实劳动的劳动精神和执着专注、精益求精、一丝不苟、追求卓越的工匠精神，是广大劳动群众在社会生产实践中锤炼形成的弥足珍贵的精神财富，是工人阶级伟大品格的具体体现，是民族精神和时代精神的生动诠释。民族复兴需要劳动模范，祖国强盛需要大国工匠，中国制造、中国智造、中国创造更需要大国工匠的强有力支撑。劳模、工匠等的成长故事、先进事迹中承载的劳模精神、劳动精神和工匠精神，是激励全国各族人民团结奋斗、勇往直前的强大精神力量。

"中国劳模"系列丛书，采用图文结合的方式，讲述全国劳模、大国工匠和先进工作者们的成长经历及他们追梦、筑梦、圆梦的故事，用他们在平凡岗位上创造不平凡业绩的真实故事感染读者，推动形成劳动最光荣、劳动最崇高、劳动最伟大、劳动最美丽的社会风尚，引导广大技术工人和青少年形成劳动光荣、技能宝贵、创造伟大的观念。

"匠心筑梦，强国有我。"新时代是一个万象更新、生机勃勃的时代，也是一个继往开来、创新创业和建功立业的大时代。希望广大读者能以劳动模范为榜样，以大国工匠为楷模，立志技能报国、技术强国，踔厉奋发，勇毅前行，锤炼思想品格，汲取劳动智慧，勇于担当、勤于钻研、甘于奉献，为推进新型工业化和乡村振兴，为加快建设制造强国、质量强国、航天强国、交通强国、网络强国、数字中国、农业强国，全面建设社会主义现代化国家贡献青春力量。

高凤林

中华全国总工会副主席（兼）

中国航天科技集团有限公司第一研究院

211厂14车间高凤林班组组长

2022年11月

扫码解锁

◎群英颂歌◎力行求至
◎薪火相传◎奋斗底色

传主简介

1978年，蒙古族姑娘乌日娜出生于内蒙古自治区呼伦贝尔市牙克石市的乌奴耳镇①。乌日娜的家庭是一个林业世家。

1996年，乌日娜如愿以偿地考上位于呼伦贝尔市南部的扎兰屯林业学校（后与其他几所学校合并成扎兰屯职业学院），专业为林学。

1999年7月，作为优秀毕业生，乌日娜被分配到巴林林业局下属的喇嘛山林场，成为一名苗圃技术员。她曾消灭蛴螬虫害，为林业局立了功。

2002年，乌日娜结婚，丈夫张德刚是乌奴耳的一名森林警察。

2003年，乌日娜的女儿出生。

2006年，乌日娜从巴林林业局调回乌奴耳林业局。

2009年，乌日娜担任苗圃队队长、助理工程师，还兼任政工干事。受乌奴耳林业局领导的委托，她承包了

---

① 呼伦贝尔市原为呼伦贝尔盟，属黑龙江省，1978年归入内蒙古自治区；乌奴耳镇原属喜桂图旗，1983年喜桂图旗撤旗设市，乌奴耳镇归属牙克石市。

林业局的苗圃地。乌日娜一边高质量地完成林业局每年的造林任务，一边为自己的育苗造林梦想而奋斗。她自筹资金20万元，引进并培育新树种。

2010年，乌日娜成为乌奴耳林业局"党员致富示范户"。之后，她开始在就业扶持和技术指导上积极帮助其他林业职工，带领他们开创"绿色银行"，实现勤劳致富。

2011年，在呼伦贝尔市林业局（现为呼伦贝尔市林业和草原局）的支持下，乌日娜带领团队组建育苗班组工作室，依托专业平台，努力进行苗木培育工作，攻克林业技术难题。

从2006年至2015年，乌日娜带领的苗圃队，连续十年被乌奴耳林业局评为"三八先进集体"。

2015年，乌日娜先后被评为呼伦贝尔市劳动模范、内蒙古自治区劳动模范和全国劳动模范，并受邀参加全国劳动模范和先进工作者表彰大会。同年，乌日娜劳模创新工作室揭牌成立。

从2015年至2019年，乌日娜大胆尝试新的种植项目，致力于对大果沙棘、兴安落叶松、野生赤芍、樟子松、暴马丁香、甘草、黄芪等生态和经济作物进行种植驯化与技术推广。

2019年10月1日，乌日娜受邀到北京天安门广场参加庆祝新中国成立70周年大会。

数十载春秋更迭，乌日娜于乌奴耳林业局默默奉献，在平凡的岗位上脚踏实地，勤勉耕耘。她以汗水润泽家乡的翠绿山川，用实际行动演绎着一名共产党员的责任与担当，吟唱出一曲关于爱岗敬业、无私奉献的非凡赞歌。

目　录

| 第一章　森林启发梦想 // 001

扎根林区　// 003

童年乐园　// 007

爸爸救火　// 010

树苗都知道　// 015

消失的桦树林　// 018

奔赴梦想　// 022

| 第二章　热爱不惧险阻 // 025

毕业分配　// 027

初次立功　// 031

树木有生　// 036

植树不易　// 039

恋爱结婚　// 043

| 第三章　创业克服万难 // 047

调回家乡　// 049

承包苗圃　// 052

创业维艰 // 056

夙兴夜寐 // 060

可怕的蜱虫 // 064

销售难题 // 068

坚实后盾 // 070

| 第四章　"绘就"不墨青山 // 075

优秀答卷 // 077

调整结构 // 081

"绿色银行" // 085

森林保护 // 090

科学造林 // 094

| 第五章　成为林业旗帜 // 099

当上劳模 // 101

成立工作室 // 107

驯化推广 // 111

金山银山 // 118

70周年庆典 // 122

砥砺前行 // 126

第一章 森林启发梦想

扫码解锁

◎群英颂歌◎力行求至
◎薪火相传◎奋斗底色

扎根林区

20世纪中叶，在辽宁省阜新市下辖的一个屯子里有两户人家，日子过得艰难。为了谋生，这两家人不约而同地将目光投向大兴安岭。那里有莽莽大山和茫茫林海，他们相信靠山吃山，定能找到一条活路。于是，他们拖家带口，踏上迁徙之路。

这两户人家，分别是乌日娜的爷爷奶奶家和姥姥姥爷家。两家之前并不认识，也不是一同从辽宁阜新出发的。但他们都是儿女成群的大家庭：乌日娜的爷爷奶奶带着乌日娜的四个姑姑、两个叔叔和她爸爸，共九口人；乌日娜的姥姥姥爷带着乌日娜的三个舅舅、两个姨妈和她妈妈，共八口人。一路上，他们风餐露宿，历经千辛万苦，最终不谋而合地在内蒙古东部停下脚步。

他们之所以选择这里，可能是因为相对于整个大兴安岭地区来说，这里气候较温和，水资源充沛，比较宜居。更重要的是，1954年，党中央、国务院正式批准内蒙古大兴安岭林区的开发计划。这一举措标志着林区开发将在深度和广度上进一步拓展。为了支持林区开发计划的实施，国家派遣大量转业官兵和大批支边青年到林区工作，支援林区的开发建设。可即便如此，当时的大兴安岭林区还是非常缺人。

就是在这个时期，乌日娜的爷爷和姥爷选择留在林区工作。爷爷成为大兴安岭林业管理局下属林场的一名林业工人，姥爷则在牙克石林业系统的砖瓦厂工作。当年参与开发林区的人们，大多就住在马架子、地窖子这样的简陋住所里，他们筚路蓝缕，艰苦奋斗，为国家的建设贡献了大量木材，也献出了自己宝贵的青春。

数年后，乌日娜的爸爸在牙克石参军入伍，乌日娜的妈妈考上了牙克石的一所师范学校。毕业后，她被分配到乌奴耳镇的一所小学教书。仿佛是冥冥中注定的缘分，他们都是从辽宁阜新跟随家人逃荒来到这里的，又都是蒙古族人。于是经人介绍相识后，两个祖籍相同、他乡聚首的年轻人，很顺利地走到一起。不久后，两个人便结婚成家。

1978年冬天，乌日娜出生时，她爸爸还在部队服役，她妈妈当时在山上的学校执教——那时，各个林业局都有不少人住在山上，孩子们也在山上上学。由于山上条件艰苦，妈妈自己带着乌日娜多有不便，便把尚在襁褓中的乌日娜交给姥姥照顾，自己回到山上工作。冬天天寒地冻，教师只能在地窖子里教学，没有灯光照明，也没有取暖设施。为了抵御刺骨的严

⊙ 1986年，乌日娜（左一）全家合影

寒，师生们就在地窖子里烧木柴取暖。幸好林区木材丰富，足够让他们熬过漫漫长冬。

后来，乌日娜的妈妈被调到山下的一所小学教书。这所学校属于乌奴耳林业局，林业局便给乌日娜一家分了房子居住。房子属于公房，都是一排一排的平房，每排住着五六家。每家都是同样的面积和格局，住的都是同一个林业局的职工和他们的家属。乌日娜的爸爸退伍后，有一段时间没找到工作。和他们家同一排的房子里住着一位独居老人，乌日娜的爸爸经常帮他劈柴、挑水，干点儿家务活。这位邻居是林业局的一位老干部，见乌日娜的爸爸憨厚肯干，恰逢林业局缺人手，便引荐他进林业局工作。就这样，乌日娜爸爸也成了乌奴耳林业局的一名职工。

童年乐园

　　牙克石市有着大兴安岭林区典型的苍茫森林。它地处大兴安岭向呼伦贝尔草原的过渡地带，河流众多，水草丰茂，一年四季风景如画。牙克石市下辖的乌奴耳镇地处大兴安岭中低山地带，地势由东南部的大兴安岭岭脊向西北逐渐降低，地形比较平缓，以低山为主，河谷开阔，境内有属于额尔古纳河流域的河道。乌奴耳的冬季漫长且严寒，夏季短暂且凉爽。

　　乌日娜在乌奴耳的林区出生、成长，她从小就一直生活在那片广阔得看不到边际的大森林的环抱里。林区孩子的童年是怎样度过的呢？那可谓丰富多彩，充满野趣。这里天蓝地绿，四面环山，森林茂密，河水清澈，是孩子们自由成长的天堂。春天，他们等着、盼着冰雪一点儿一点儿地化开，河水溪流重新开始哗哗流淌，各种动植物重新焕发勃勃生机。夏天，他们在开满鲜花的草地上打滚，在无边无际的旷野中奔跑，在树高林密的森林里穿梭。秋天，他们去采摘满山的野果、蘑菇、木耳等。他们从小就认识很多种动植物，那些野果野菌不仅是美味，更是童年欢乐的一部分，承载着美好的回忆。冬天，外面冰天雪地的世界就是他们的大型游乐场。林区里那几条结了冰的河流就是他们游戏的天地，他们经常到那里抽冰尜、滑爬犁、打雪仗……他们知道如何爬树，如何在崎岖的山路上行走；他们熟悉各类植物散发出的芳香，熟悉小动物的生活习性；他们了解森林的四季有什么不同，在大森林中见证着自然的生机、生命的轮回。

在森林中度过的童年是乌日娜一生中最宝贵的财富，它充满无数美好的回忆。乌日娜热爱这片生机盎然的土地。

乌日娜和她的小伙伴们最常去玩耍的一个地方，位于她家附近的南山山脚下的一条小河边。这条小河很清浅，水位最深处只能没过她们的膝盖，因而没有什么溺水的风险，家中大人也很放心她们到那里去玩儿。夏天，河岸边水草丰茂，野花遍地，蜻蜓、蝴蝶在这里翩翩起舞。

有一次，乌日娜和小伙伴刚到小河边，就看见一个高年级的男生拿着一个笊篱在河里捞小蝌蚪，他已经捞了快有一桶了。

乌日娜问："你捞小蝌蚪做什么？"

男生答："拿回家喂鸭子。"

乌日娜生气地说："小蝌蚪长大了会变成青蛙，青蛙可以捉害虫，你不知道吗？"

男生一边盯着河水寻找小蝌蚪，一边不耐烦地说："去去去，别多管闲事！"

不一会儿，那个男生把装满蝌蚪的小桶放到岸上，自己又拿着笊篱下水捞蝌蚪去了。趁着这个工夫，乌日娜也不知哪儿来的勇气，飞跑过去，提起桶就跑，其他小伙伴也跟着她一起跑。就连她自己都感到诧异，那时候的她，竟然有那么大的劲儿，能一口气拎着桶跑到远处的河边，然后把桶里的小蝌蚪全都倒进河里。看着一个个小蝌蚪摆着小尾巴游走，乌日娜和小伙伴们都高兴得拍掌欢呼。

就在这时，那个高年级的男生追过来了。乌日娜顾不得高兴，大喊一声"快跑"，小伙伴们全都吓得呼啦啦往一处栅栏跑去。幸运的是，由于她们年纪小，身形纤细，都能轻松地钻过栅栏，而那个高年级的男生钻不进来，因而没有追上她们。乌日娜和小伙伴们激动得手舞足蹈，她庆幸自己跑得快，否则的话至少得挨一顿骂。

可乌日娜顾不得那些，她一直在想，那些可爱的小蝌蚪，长大后会变成一群小青蛙，能吃掉多少害虫啊！所以即使因此真被骂一顿，她也一点儿都不后悔。她从小就是这种性格，敢想敢干，坚持正义。长大后在工作中，她也是这样的。

后来，身为林场小学教导主任的妈妈常对乌日娜说："你和弟弟妹妹都是林区的孩子，大山养育了你们，要尊重大自然，珍惜森林资源，以后有出息了不要忘记这片大山。"

父母和祖辈们的经历和教诲，让乌日娜从小便明白了森林的重要性。它是地球生态系统中重要的组成部分，也是林区人们生活的源泉。因此，长大后，乌日娜姐弟三人都积极加入祖国的林业事业，为保护森林环境、维护生态平衡贡献自己的力量。

爸爸救火

在乌日娜童年的记忆中，最难忘、最悲伤的事莫过于1987年发生的"5·6"大兴安岭特大森林火灾。这不只是乌日娜一个人的伤痛记忆，也是大兴安岭地区所有人乃至是全中国的伤痛记忆。

尽管当时的乌日娜年仅9岁，尚不能完全感受到这场特大火灾带来的冲击，但与那场火灾有关的一切，包括当时的心情，都深深地烙印在她的记忆中。

1987年5月6日那天，恰逢立夏。彼时南方已经绿树葱茏，花事繁盛，但处于高纬度地区的大兴安岭，还是春回大地、草木萌发的时节。春季历来是森林防火的关键时期。那年春季，全球干旱，北半球多个国家都遭遇了不同严重程度的森林火灾。而在我国的大兴安岭地区，由于贝加尔湖暖脊东移，形成了一个燥热的大气环流，加之风多物燥，位于黑龙江省的几处林场不幸同时起火。火灾发生地海拔约一千多米，山势陡峭，站杆倒木较多；植被以偃松林为主，茂密且油性大，极易燃烧，而且地表腐殖质层极厚。这导致缺乏中高强度地表火、树冠火和地下火立体燃烧，加之防火设施等原因，最终引发了新中国成立以来最严重的一次特大森林火灾。

大兴安岭是千千万万林区居民共同的家园。火灾消息一传来，乌奴耳镇的人们就陷入了深深的焦急之中，大家纷纷放下手中的工作，自发去扑救这场大火。乌日娜的爸爸也是其中之一。

乌日娜记得，爸爸离开的那个早晨，阳光透过云层洒在大地上，显得有些惨淡，给人一种既压抑又沉重的感觉。天空中飘着淡淡的烟雾，空气中弥漫着的不再是令人愉悦的草木和泥土的清香，而是一种令人揪心的焚烧味。爸爸穿上他那件破旧的工作服，背上背着一个大背包，脸上带着坚定又痛心的表情，告诉乌日娜的妈妈和乌日娜姐弟："灾情就是命令，我是林场的一分子，保护森林是我的职责，你们在家里等我回来。"

乌日娜抓着爸爸的手，忧心地问："爸爸，你要出去多久？"

爸爸沉重地叹了口气："我也不知道，希望很快就能回来，越快越好！"

乌日娜明白爸爸的意思，他回来得越快，就证明这场火灾被扑灭得越快，大兴安岭各方面遭受的损失就越小。

从那天开始，乌日娜和弟弟妹妹就经常站在家前面的胡同口，等待爸爸归来。每当有人影出现在远处，他们都会兴奋地跑过去看，但每次都是失望而归。

在乌日娜的记忆中，那是爸爸出门时间最长的一次。乌日娜听说，火灾现场浓烟滚滚，火焰翻卷，热浪袭人，风向不定，防不胜防。扑救山火是一件极其危险的事，随时都有被大火无情吞噬的可能。可那时的通信条件不像现在这样发达，很少人家有电视机和电话，乌日娜一家根本联系不到爸爸，一家人只能日夜为爸爸的安危揪着心。

那次乌日娜的爸爸外出救火总共去了20多天，但对乌日娜一家来说，那20多天仿佛有一个世纪那么漫长。

有一天，当乌日娜姐弟再次站在胡同口等待时，终于看到了那个让他们望眼欲穿的熟悉身影，他们激动又兴奋地跑过去，扑进爸爸怀里。爸爸的脸上立刻露出了温暖的笑容，但他的脸色比以前黝黑了，整个人也消瘦了一大圈，胳膊上还有一些伤痕，步伐也显得十分沉重。看着他的样子，乌日娜知道，爸爸在那场大火中经历了很多。

回到家后，爸爸从他的背包里拿出一堆小饼干和火腿肠，这是他从自己参与救火分得的干粮里特意省出来的。在那个物资匮乏的年代，这些食物对乌日娜姐弟来说简直就是奢侈品。乌日娜还记得，他们姐弟三个围着爸爸，一边吃饼干和火腿肠，一边听爸爸讲述他在救火过程中的所见所闻。

爸爸说了许多有关火灾现场的事情。他说被火烧过的森林中的树木、花草、小河、道路、房屋都是黑的，一切触目惊心。这画面让他深刻认识到，火灾是多么无情又残忍，生命是多么脆弱与宝贵，森林防火是多么重要。

爸爸还说，在这场人与火的殊死较量中，涌现出很多可歌可泣的动人故事。先后有好几万名军人和群众，告别自己的亲人，冒着生命危险，奋不顾身地去抢救国家财产，去帮助受灾群众。不管是衣服被火燎破、皮肤被灼伤，还是脚上因爬山奔赴火场而磨出一串串血泡，抑或脸上被树枝划出一道道伤口，他们完全顾不得，带着伤痛继续前行，继续奋战。其中还有一些人不幸牺牲……

那一刻，乌日娜的心颤抖着，既因为感受到森林火灾的可怕，也因为被千千万万个像爸爸一样的救火人员的无私付出和舍生忘死的大无畏精神所感动。

长大以后，乌日娜才知道，"5·6"大兴安岭特大森林火灾，导致我国101万公顷的森林资源遭到破坏，60多万平方米的房舍被烧毁，受灾群众5万多人。

这场火灾，给整个大兴安岭林区带来了沉重的打击，也敲响了中国森林防火的警钟。后来，国家建立了一整套工作体系，采取了人工造林、人工促进更新、天然更新和封山育林等多种方式，全面立体地推进火烧迹地的更新和生态系统的恢复工作。1998年，我国天然林资源保护工程开始试点，2000年该工程在全国17个省（区、市）全面启动。这是世界上第一个、也是唯一一个以保护天然林为主的超级生产工程。

经过30多年的恢复和保护，当年的火烧迹地上已重新长起大片树林，火烧区的森林覆被率和动植物种群都已基本得到恢复。如今的大兴安岭封山育林，已重新焕发出勃勃生机。

但不管过去多久，每当回想起那场特大森林火灾，乌日娜仍然心悸难平。她深知，保护森林是每个人的责任，森林防火更是每个人的义务。保护森林不仅仅是为了维护个人利益，更是为了保护无数生灵的生存环境。乌日娜暗暗下定决心，以后，她不仅要保护好现有的森林，更要主动打造新的森林。

乌日娜是这么想的，也是这么坚持做的。

树苗都知道

上初中时，最让乌日娜欣喜期待且难以忘怀的，是每年的植树活动。作为林区的孩子，每年全校师生都要参与植树活动。孩子们都喜欢植树活动，因为那一天不用上课，他们可以在广阔的大自然中撒欢儿，把学习的压力和烦恼都暂时抛到脑后。

不过，由于乌奴耳地区纬度高，冬季漫长且无霜期短，每年植树节的时候，冰雪往往还没有融化，土地还没有化冻，所以植树活动一般要等到"五一"之后才能进行。具体而言，需待阳坡上的土壤开冻到一锹以上的深度，也就是整个锹刃可以顺利地插进土里大约二三十厘米时，方可植树。如果土壤还没开化到这种程度，根苗种下去就容易冻死。

进入5月，乌奴耳地区气温适宜，万物复苏。植树活动总是选在一个风轻云淡、阳光明媚的日子，让人不由自主地感到愉悦。届时，各个班级都会排着整齐的队伍，兴高采烈地拿着植树的工具，抬着成捆的小树苗，兴致勃勃地前往指定的山坡进行植树。

每个班级都有自己的责任区，并在自己的责任区插上一面红旗。满山坡红旗招展，欢声笑语，好不热闹！同学们都在各自班级的责任区里选好植树造林的地点，几个人一组，各有分工：有的搬运小树苗，有的负责打水，有的把树苗放进坑里稳住，有的用铁锹培土……大家干得热火朝天、热血沸腾，满头大汗也顾不上擦一把，累得气喘吁吁却也乐在其中。

有一年植树节，在乌日娜班级的几个组完成植树任务往回走，路过别的班级的责任区时，乌日娜在一个土坑里发现了两捆被土块浅浅覆盖的树苗，不知是哪个班扔的。她走近一看，发现两捆树苗还没有拆开，苗根还是湿的，一看就是有人故意偷懒，把没种完的树苗随意埋进土里，敷衍了事。

见乌日娜停住脚步，同学们都说："乌日娜，咱班开始往回撤了，不要管了，赶紧走吧。"

乌日娜心想：这两捆树苗足有两百棵，种好了长大了就是挺大的一片树林呢，自己怎么忍心不管它们，任其干渴而死呢？于是她和同学们说："不能走，咱们把它们栽上吧。"

起先，同学们不同意栽，还有的同学让她别多管闲事，这些又不是自己班的树苗，栽了老师也看不见。

乌日娜认真地和大家说："如果不及时栽上，树苗死掉就太可惜了。老师有没有看见不重要，我们所做的事，栽下的每一棵小树苗都知道。"

⊙ 1989年，乌日娜（右一）与弟弟妹妹合影

最终，同学们都被乌日娜说服，同意一起把树苗栽上。于是，乌日娜和同学们又忙活了好半天，抬水、种苗、培土、浇水，把那两百棵树苗都认真地栽种完毕。虽然又热又累，但看着新栽的小树一行行整齐地站着，沐浴着阳光与春风，仿佛在向他们点头致谢，大家心里都美滋滋的，脸上洋溢着满意的微笑，都在为自己又做了一件很有意义的事而感到骄傲。

消失的桦树林

小时候，乌日娜的家在南山山脚下，那里除了有条小河是她的乐园，还有一片茂密的桦树林。这片桦树林里每棵桦树都有十多米高，郁郁葱葱的。春天，当新叶萌生之时，嫩绿的桦树叶清新养眼；秋天，当金风送爽之时，金黄色的桦树林宛如油画。不论冬夏，桦树挺拔的树干上都仿佛覆盖着一层银霜，或是披了一身雪花，映衬着森林上方那片永远蔚蓝的天空，看上去是那么赏心悦目。

桦树是大兴安岭地区最常见的树种之一，深受北方人民的喜爱。因为它不仅耐寒耐瘠、适应性强，而且外形美观、用途广泛，既好看又实用。每年的初夏时节，便是剥取桦树皮的最

⊙ 1990年，乌日娜（中）与弟弟妹妹在家乡的山上合影

佳季节。大兴安岭地区的少数民族同胞会选取粗壮、挺直而又光滑的桦树，用刀子在树干的上端和下端各划开一圈口子，然后再在上下两个圈口间竖划一刀，随后，用双手将其顺着刀口慢慢撕下，这样，一整张长方形的桦树皮便剥好了。这样的剥皮方式并不会影响桦树的生长，来年，这棵树又能长出新的树皮。桦树皮是白色的，光滑如纸，还可分层剥开，剥开的薄薄的桦树皮可以用来写字。此外，桦树皮也能用来制作剪贴画、烫画、背篓、餐具、容器等，由此形成了古朴典雅的桦树皮文化。桦树皮制作技艺是我国北方游猎民族的独特手工技艺，具有鲜明的地域和民族特色，蕴含着生生不息的文化血脉。2006年，桦树皮制作技艺被列入第一批国家级非物质文化遗产名录。

乌日娜特别喜欢这片桦树林，不仅因为桦树既好看又实用，还因为在这片桦树林中，生长着一种名叫"高粱果"的野生草莓。高粱果的个头虽不如市面上售卖的草莓大，但味道比草莓更甜美可口，孩子们特别爱吃。高粱果的果期很短，其植株细弱，秧苗柔软，需要依附树木生长，在我国几乎只在呼伦贝尔和甘肃某些地区才有，比较珍贵难得。

从小到大，每年的7月份，当桦树林里的高粱果成熟的时候，乌日娜都会去采摘一些带回家品尝。

然而，在乌日娜上初二的那个夏天，她兴冲冲地来到桦树林准备采摘高粱果，却发现情况有些不对劲。那些原本高大挺

⊙ 1993年，乌日娜（右）与妹妹在家乡河边合影

拔的桦树，竟然被一些不明身份的人偷砍了，整片桦树林变得光秃秃的，只剩下一些矮小的树苗。看到这一幕，乌日娜呆立在那儿，感到非常气愤和难过，伤心地哭了出来。因为乌日娜清楚，植物都有自己的生长习性，对生长环境有特定的要求。比如说，有些蘑菇只长在松树林，桦树林里一个也没有，神奇得很。而高粱果也是一种神奇的野生浆果，它只在大林子里生长，不在小林子里生长；只在桦树林里有，松树林中一个也没有。没有高大的桦树作为依托，那些高粱果的苗就会慢慢枯萎死亡。现在这片桦树林被人盗伐，高粱果也将随之消失。

此后的很多年里，乌日娜和小伙伴们再也没能吃到高粱果。

奔赴梦想

乌日娜的爷爷奶奶、姥姥姥爷、爸爸妈妈都是从事林业工作的职工。他们希望乌日娜将来也能在林场工作，继续守护这片大森林。其实祖辈和父辈的希望，也正是乌日娜自己从小的梦想。

梦想本身不会发光，但每一个追梦的人都会因梦想而熠熠生辉。只要心里有了光，就能照亮通往远方的路。

1996年，18岁的乌日娜如愿以偿地考上了内蒙古扎兰屯林业学校，并被该校最好的专业——林学录取。扎兰屯林业学校始建于1952年，为国家培养了众多的林业生态方面的人才。

到扎兰屯林业学校报到后，乌日娜就开始军训。军训结束后，正式上学的第一天，老师给乌日娜和同学们开完会后，就让每个学生谈一谈自己对林业印象最深的事。乌日娜立刻就想到家乡那片被偷伐的桦树林，那可是她从小玩到大的地方。她气愤地说："他们难道不知道吗？砍掉一棵树，只需要几下，砍掉一片树林，也不需要多长时间，但要让一棵树、一片树林重新长起来，却需要好几十年！身在林区的人，怎么可以这么肆意破坏森林呢？"讲着讲着，那一片被偷伐后仿佛狗啃般狼藉的树林，仿佛又浮现在乌日娜的眼前，她难过地掉下了眼泪。

乌日娜还记得，当时老师也同样感到气愤和痛心。老师说："同学们，作为林业人，我们可能要在林区生活一辈子，森林就是我们的家园。我们靠山吃山，是大森林养育了我们，如果森林没了，我们的家园也就没了，我们作为林业人的意义也就不存在了。既然选择学林，那我们终生的任务就是保护树木，保护林业，尽己所能，为林业积极贡献一份力量。这就是我们学林人的宗旨。"老师的话，深深地刻在乌日娜的心里。

从小在林区长大的乌日娜，对林学专业充满热爱，毫无陌生感。林学专业的课程包括测树学、植物学、动物学、森林生态学、森林育种学、森林病虫害和气象学等。在十几年家庭环境的熏陶下，在各种生活实践的耳濡目染中，乌日娜学起专业课程来得心应手，游刃有余。乌日娜坦言，自己对学习文化类知识的兴趣不大，但是对各种与林业有关的实践课程兴致浓厚，尤其喜欢测树、病虫害防治等实践操作。比如，她喜欢测量一棵树的高度、胸径、冠幅等，从而了解这棵树的大小、生长速度和健康状况等信息；又如，她喜欢寻找遭虫害的树木，观察树木的病症，捕捉树上的虫子，把它们放在毒瓶里毒死以后做标本。久而久之，乌日娜心里积累了一本越来越丰富厚重的"病历本"，她清楚地知道什么树一般会生什么病虫，什么病虫一般引发什么症状，以及应该怎样防治各种病虫害。

乌日娜不仅成绩优秀，性格也开朗热情。她善于合作，经常与同学们进行讨论，向老师请教各种问题。学院里的每位老师对她的印象都特别深刻。此外，她还多才多艺，乐于奉献。她小时候曾经学习过绘画和美术字，有一定的艺术基础。作为班级的宣传委员，她每周都会为班级制作手抄报，并且经常参与学校组织的画展等活动。

在学校里学到的点点滴滴，以及从实践中锻炼出来的各种才能，为乌日娜以后的工作打下了坚实的基础。毕业离校后，她依然谨记并践行着母校的校训——修德、励学、致用、报国。

第二章　热爱不惧险阻

扫码解锁

◉群英颂歌◉力行求至
◉薪火相传◉奋斗底色

毕业分配

1999年7月，乌日娜完成了内蒙古扎兰屯林业学校的学业，并以优秀毕业生的身份被分配到了巴林林业局的苗圃部门担任技术员。巴林林业局与她家乡所在的乌奴耳林业局都在牙克石市，都是呼伦贝尔市林业局（现为呼伦贝尔市林业和草原局）所辖的岭南六局之一。

乌日娜还记得，自己去巴林林业局报到的那天是7月23日，局里分派她负责喇嘛山林场的一块苗圃。当时，喇嘛山林场没有技术员，只有一个场长和一个打更的工人，在忙碌时会雇用临时工。场长年岁较长，文化程度不高，理论知识不足，不过长期在林场工作，有着丰富的实践经验。由于当时的乌日娜只是一个20岁出头的年轻女孩，刚刚毕业就当上技术员，场长并没有对她寄予厚望或委以重任，而是让她自行安排日常工作，这看似是给了她极大的自由，其实是对她能力的不信任。工人们一开始也对乌日娜持怀疑态度，认为她缺乏实践操作的能力和实际的工作经验，没有能力和资格指导他们工作。

乌日娜觉得，场长和工人们对自己能力的怀疑也在情理之中，因为她确实还需要在工作实践中进一步学习和锻炼，她想用实力赢得他们的信服。所以，她没有把场长的不信任和工人的质疑放在心上。乌日娜是一个内核稳定的人，一旦认定自己该做什么，就会坚持去做，不易受到外界干扰。场长没有给她安排工作，她就自己给自己安排工作。出于对林业的热爱，她做起事来总是特别主动。

到喇嘛山林场后没多久，就迎来了立秋。对林业工作来说，立秋是一个非常重要的节气。立秋之后，天气转凉，白天变短，早晚温差变大，大多数植物开始准备进入休眠期。对呼伦贝尔这样纬度较高的地区来说，这些变化尤为明显。从这时候起，森林防火、植树造林准备、杂草管理、苗木养护等都成为重点工作。

从立秋这天起，乌日娜就找来了一个温度计，挂在自己宿舍外边的大树上，每天坚持测温。每隔两小时，她就出门观测一次，看看温度有何变化，并将数据记录在表格中。即便是大半夜，她也会起来出门观测并记录。此外，她还观测刮风的情况，记录风力、风速、风向等信息，并在风停后测量温度变化，认真记录每一次观测到的数据，以便总结规律。

立秋之后，除了坚持用温度计测量气温外，乌日娜还会在宿舍门外放一盆水。每天凌晨四点多，她赶在日出之前起床出门仔细查看水面是否结冰，并记录是从哪一天开始出现结冰现象的。她观测到，大约在9月上旬，喇嘛山林场的水面就会结冰。结冰的时间不是在凌晨四点多，而是在大约五点半左右，当太阳刚从山头上露出一点儿绯红的瞬间，水就会冻上。通过这些观测，乌日娜总结出，一天之中气温最低的时候是日出前后；当地第一次下霜上冻的时间是在9月上旬。

乌日娜说，掌握下霜时间对苗木保护非常重要。秋天是植树造林的好时机，但当年培育的落叶松苗一般才长到8至10厘米高，如果在第一场霜冻来临前种下，落叶松苗的髓心还没有木质化，就容易被冻死。相反，如果在霜冻之前就促使苗木木质化，木质化后的树苗就会暂时停止生长，进入休眠期，这样就不怕冻了。所以，要想让苗木都能安然过冬，就必须赶在霜冻之前促使其木质化。怎样促使苗木早一点儿木质化呢？方法是喷洒磷酸二氢钾，因为磷钾肥能促进苗木早期根系的形成和生长，提高其适应外界环境条件的能力。

此外，乌日娜每天都会早早地到苗圃地里，熟悉每个地块种植的是什么，观察苗床的走向是怎么安排的，了解各种苗分别长到多大了，探究土壤的性质、浇灌方式等等。同时，她还会观察工人每天的工作情况，虚心向他们请教，并将每天的工作记录在日记本上。为了能够更好地将理论知识与工作实践相结合，她经常与工人们一起动手操作，并慢慢熟练地掌握各项林学技能。

经过一年的学习积累，第二年育苗工作开始后，乌日娜积

⊙ 乌日娜在观察苗木过冬情况

极参与播种前的各项工作。这包括选择适合的种子品种，了解其产地，了解种子发芽率等信息，进行消毒处理、施加底肥，以及确定播种量和播种方式等。等到苗木出苗后，她又继续参与管理工作，如浇水、追肥、除草以及防治病虫害等。此外，她还参与起苗、分级和冬储等一系列工作。

就这样，日复一日，乌日娜一直在努力提升自己，她几乎把所有的时间都投入在业务学习和技术钻研上，她还积极参加林业技术培训和学术交流活动，很快便在单位中脱颖而出。如此边学习边实践两年有余，她终于扎实地掌握了育苗技术，这使得她在未来的各方面林业工作中能够得心应手，游刃有余。

当时的巴林林业局苗圃主任看到乌日娜的天分和勤奋，对她的工作态度给予了高度赞扬。工人们也对她刮目相看，认为她是一个值得信赖的合作伙伴。

初次立功

刚分配到巴林林业局工作不久，乌日娜就凭着认真观察的劲头和丰富的林业知识立下一功。

当时，巴林林业局种植了大量的兴安落叶松。兴安落叶松性喜光、耐严寒、生长快、寿命长，其木材经济价值高，是速生丰产人工用材林的优选树种。

春夏两季是植物生长最旺盛的季节。在这两个季节里，乌日娜每天都会亲自到苗圃地中查看苗木的生长情况。那年春季新育的落叶松已经长到七八厘米高了。落叶松一般采用条播方式，种子一溜一溜地播撒，长出的幼苗一行一行地排列，每一株幼苗的叶子都毛茸茸、绿油油的，针叶充满光泽，根根向上，长势喜人。然而，没过多久，乌日娜在照常观察时发现，一些树苗的叶子开始出现发黄打蔫儿的现象，针叶上的光泽消失了，变得发暗，并且针叶不再直挺向上，而是无精打采地耷拉下来。乌日娜立刻想起在扎兰屯林业学校学习的时候老师说过的话："树苗的叶子、茎部和根部这三个地方是最容易遭虫害的。叶子不对劲，地表又没看到虫子，就必须拔起根部查看，虫害可能潜藏在土壤里。"于是，她蹲下来，轻轻一拽，一棵幼苗就被拔了起来，只见它埋在土里的根部已经整齐地断开了，显然是被某种虫子咬断的。这棵幼苗已经活不成了。乌日娜再观察这一行地里的其他树苗，情况也是如此，再看附近的苗垄，亦是如此。看来，这一片苗圃地里很多苗床的落叶松苗都遭虫害了，虫害范围还不小，且虫害密度也很大。

乌日娜非常震惊，她焦急地挖开松苗根部的土壤，想要找出具体是哪种虫害在作祟。她把被咬断根茎的树苗都拔出来，有的根茎都已经干枯萎缩，看来被咬断有一两天了。终于，她拔出一棵根茎尚且水灵、一看就是刚被咬断的树苗，显然，虫子就在地下，还没来得及跑呢。果然，当乌日娜挖开这附近的土壤时，她发现了一些虫子。这些虫子弓着身子，呈"C"形，身体是白色的，看起来胖乎乎的。乌日娜回想自己学过的有关森林病虫害的知识，记得落叶松幼苗主要易遭受两种虫害，一是蛴螬（即金龟子幼虫），二是蝼蛄。通过比对特征，乌日娜断定，这些白胖的虫子就是蛴螬。蛴螬是世界性的地下害虫，多存在于渗水性强、通气性好的土壤中。在土壤干旱时，它们潜伏在土地中；当土壤过湿时，则爬到地表活动。蛴螬喜食刚播种的种子、根、块茎以及幼苗，常致苗木枯死，危害很大，夏季为害尤甚。最可恶的是，蛴螬每祸害完一棵树苗后，就立刻开始祸害下一棵树苗。被它刚祸害完的树苗，当天看不出什么异样，要等两三天后才会显现苗根断裂、苗木死亡的现象。等人们发现的时候，它早已跑到另一棵油光锃亮的健康树苗底下，继续祸害树苗了。

乌日娜觉得这些蛴螬太可恶了。她发现，那四亩苗圃地中，有将近三成的苗床遭了虫害。她迅速跑回办公室，打电话向巴林林业局的苗圃主任汇报了这一情况。汇报完毕后，她马上又返回苗圃，继续探究蛴螬虫害发展扩散的规律。

没一会儿，苗圃主任也来到苗床前，看了看后说："乌日娜，感谢你啊，你工作时认真细致，发现了这个重要情况。既然已经发生虫害，就得赶紧打药。"说着，苗圃主任便安排工人打药除虫。

不过，由于当时虫害已经发生，打药已经无法起到很好的效果。按理来说，药应该在虫害发生之前打，也就是在树苗播种以后或者树苗出土以后就立即打上，以起到预防作用。因为虫害发生有一定的规律，有的虫子在播种时并不伤害种子，只伤害幼苗。等树苗长到一定高度，或者进入别的季节以后，虫子会由地下幼虫变为成虫，比如蛴螬变成金龟子后，就不伤害幼苗，而是钻出地面飞走，去伤害别的植物了。所以，虫害发生之后，当年的损失已经难以避免。但打药还是可以控制虫害范围，防止虫害面积和损失进一步扩大。今年在发现虫害后采取打药措施，不仅能预防来年再遭虫害，而且能为以后防治虫害积累经验教训。

与苗圃主任商量后，乌日娜带领工人对树苗进行打药处理，此外，她还要对蛴螬进行人工捕杀：一方面设置黑光灯诱杀成虫，减少蛴螬的数量；另一方面挖出土中的幼虫，并利用成虫的假死性，在其停落在作物上时进行捕捉或振落捕杀。

由于乌日娜及时发现并上报了虫害，同时带领工人迅速处理了虫害，巴林林业局当年的损失才得以减少。但由于这一年死亡的苗木较多，且落叶松苗需两年才能出圃，所以第二年还是出现了减产的情况，巴林林业局的造林计划也因此受到影响。

⊙ 乌日娜（右一）在给工人讲解苗木病虫害的相关知识

苗圃主任说："在你来这里之前，每年落叶松一年生苗木都会出现类似的情况，但是由于我们经验和知识不足，观察也不够细致，一直没有找到具体的原因和有效的防治办法，导致落叶松年年减产。现在好了，问题的根源找到了，以后就不会再发生类似的事了。"

在之后的工作中，巴林林业局果然再也没有发生过蛴螬虫害，落叶松苗的产量也大大增加，乌日娜对此深感欣慰。

树木有生

树木是地球上最古老、最重要的生物之一，它们不仅始终在默默为我们提供氧气、防风固沙、除尘降噪、美化环境、维护生态平衡，还是许多动物的家园……总之，树木的作用繁多，功劳巨大。在乌日娜的眼里，每一棵树都是有生命的，每一个人都应该爱惜和保护它们，而生活、工作在林区的人，更应该爱之、敬之、护之。

但是有一天，发生了一件不愉快的事，这让乌日娜认识到，即便是林区的人，也未必都有一颗爱护树木的心。爱林护林的意识，还需要更深入的普及。

那天阳光明媚，乌日娜和巴林林业局的几名工人，由司机开车载到山上的育苗地，准备挖掘一部分已经育好的树苗用于销售。为了方便运输，司机未加留意，将拉树的车辆停在了一棵云杉树的旁边。由于这棵云杉树的遮挡，装车和卸车工作有些不便。于是，乌日娜指示司机将车辆稍微移动一下位置，以避开这棵云杉树。

然而，令乌日娜万万没有想到的是，不等司机挪车，一个工人便拿起铁锹走过去，说："不用挪车那么麻烦，我把树砍了不就得了！"乌日娜急得赶紧高喊："哎，别砍！别砍！"但是那位工人像没听见似的，根本不把她的劝阻放在眼里，也不搭理乌日娜，毫不犹豫就把那棵树齐根砍断了。看着那棵被砍断的小树，乌日娜跺脚叹道："咳，白白糟蹋了一棵好树！"她心中充满遗憾，心痛不已。

乌日娜不仅为这棵被无情地剥夺了生命的云杉树感到遗憾和心疼，也为那个工人的粗鲁行为感到气愤。作为一位经常参与育苗工作的技术员，乌日娜深知每一棵树存活的不容易。比如说，一亩地第一年能育出18万棵苗，但是到第二年往往就只剩下几万棵了。因为在这一两年里，它们要遭受病害、虫害、冬天的冻害、生理性干旱等多重考验，会折损大半。这棵云杉树能存活下来，并且长到这么高，多么不容易啊！得历经几年的风霜雨雪啊！可是那个工人，竟然几下就给砍了。在他心中，砍掉一棵小树似乎并没有什么大不了的，哪怕这棵树还是我国特有的宝贵树种。

云杉耐阴、耐旱、耐寒，四季常青，树姿端庄，经济价值与观赏价值都很高。它主要分布在我国海拔2400米至3600米的地带，生长速度虽慢，但生长能力很强，有着很长的寿命。在我国已经发现树龄高达9500年的云杉，堪称世界上最古老的树，而且现在还在不断地生长。云杉在我国文化中寓意丰富，象征着纯洁高尚、忠诚坚守、长寿福祉、正直刚毅，还蕴含着平步青云、吉祥平安、宁静立志等美好含义。内蒙古包头市还将云杉定为市树。

根据自己对云杉树的了解，乌日娜知道，在乌奴耳这样的寒冷地带，被那个工人随意砍断的那棵高约一米五、地径五六厘米的云杉树，是一棵有着七八年树龄的云杉幼树。云杉30年生植株才能结实，40年至60年生植株才能进入结实盛期。

因此，乌日娜对那个工人进行了严厉的批评。可是，由于她刚上班不久，工人们谁也不把她的话放在心上，反而觉得她是在小题大做，那不服气的表情好像在说："你个小丫头片子，怎么啥都要管！"

见工人不听劝，乌日娜只好向单位领导反映了这个情况，随后领导扣除了那个工人一天的工资，并对其进行了严肃的批评和教育。这次事件之后，工人们都明白了不能随意砍伐树木的道理。虽然大兴安岭地区树木资源丰富，但任何人也不能因此而肆意破坏它们。每一棵树都是有生命的，都值得被珍惜和保护。爱护每一片森林，爱护森林里的一草一木，人人有责。

植树不易

每年春季，巴林林业局都会组织植树造林活动。作为苗圃技术员的乌日娜，会跟随团队前往造林地进行质量检查。学生时代的乌日娜就参与过植树活动，然而，那时候学校组织的植树活动劳动量小，她体会到的乐趣多于辛苦。在林业学校学习期间，她也参与过植树活动，也不是太累。但2000年春季，工作后的第一次植树经历，才让乌日娜真正认识到，植好一棵树并不是一件容易的事。

那是一片陡峭的山坡，机器上不去，挖穴、运苗等工作都只能靠人力完成。当时，林业局对植树有严格要求：每栽一棵树，挖的穴必须达到40厘米见方的标准。据此，乌日娜发现，有些工人挖的穴并不符合标准。于是，一贯做事力求尽善尽美的她，要求工人们返工。这让一些本来就已经很累的工人感到不满，他们带着挑衅的意味把铁锹递给乌日娜，希望她能做个示范，挖出一个合格的穴。

乌日娜心想，挖就挖，能有多难！但是，当她拿起铁锹后，才发现第一步起草皮子就颇不容易。厚厚的一层草皮子下面，全是紧密纠缠的草根和坚硬的石头，必须把它们都清理掉，一直挖到更下面的黑土层才行。这是她第一次接触边整地边造林的植树方法，即一边挖穴，一边植树。她用铁锹费劲地挖了好半天，胳膊又酸又痛，手掌又红又肿，却仍然没有挖好一个合格的穴。与工人们相比，她的挖穴技术还远不如人家。她累得全身都是汗水，后来实在是挖不动了，便瘫坐在地上，一边喘着气，一边自我调侃地告诉工人们："都来看看，挖成我这样的就是不合格的。"

工人们听后都哈哈大笑起来，说："原来'合格'的你挖得也不合格呀？"

这句话让乌日娜感到非常尴尬，她心里既沮丧又羞愧。她注意到，工人们肩上都挎着装满树苗的桶，桶里不仅有满满当当的树苗，还有半桶水。他们每次都要背上这么重的桶，然后攀爬走过半个山坡。因为这些造林地陡峭得连拉苗车都无法开上来，他们只能把树苗卸在山坡下，分装在桶里，再用肩挎着步行运送过来。同时，为了防止树苗的根部在运送和挖穴时因为干旱而枯死，他们必须在桶里放一半水，这无疑加重了运送的难度。有的造林地距离卸苗处好几百米远，山路崎岖难行，工人们每次往返都需要花费大量时间，耗费许多体力。

于是，乌日娜诚恳地对工人们说："我知道大家在这样的山地挖穴植树不容易，不过你们想想，如果穴挖得不合格，种下的树成活率就低，来年需要补种的树就特别多，那就事倍功半了。相反，咱们现在辛苦点儿，把穴挖合格了，树苗的成活率就会提高，来年咱就不用翻山越岭这么多次了，你们说，是不是这个理儿？"

乌日娜真诚的态度和这番有理有据的话，成功地说服了工人们，他们重新按要求挖好穴，合格地完成了植树任务。

这次植树活动让乌日娜感触良多。她真正认识到，采用边整边造的植树方法，造林地的清理工作（即造林整地翻垦土壤前，清除造林地上的灌木、杂草、竹类以及采伐迹地上的枝丫、梢头、站秆、倒木、伐根等）单靠人力是多么的不容易。她心想，要是林业科技再发达点儿，能用机械或科学的力量去整地，就能够大大减轻一线林业工人的辛苦。

⊙ 乌日娜（左一）与工人们一起除草

恋爱结婚

2002年8月，乌日娜结婚了，婚礼在她的家乡美丽的乌奴耳镇举行。

乌日娜的丈夫叫张德刚，也是一名林场职工。他原来是乌奴耳林业局下属的一个木材加工厂的工人，平时负责在车间加工各种木料板材。到了冬天，加工厂需要派工人们到山上采木料，或到储木场去扛木楞。那时候机器少，大多数木楞都是依靠人工搬运。也就是用人工把从山上采下来的木材归成堆。采木料和扛木楞都是计件活儿，干的多，挣的也多，但也都是既辛苦又挨冻的体力活儿。有的工人吃不了这苦，也不想挣这么多钱，宁愿回家待着，或者在车间里头干活儿。而张德刚身板好，不偷闲，能吃苦，为了多挣点儿钱，每年冬天都去采木料、扛木楞。

当时乌日娜的老姨在这个木材加工厂当车间主任，她早就注意到了张德刚。她觉得这个小伙挺能吃苦的，身体结实，工作卖力，稳当本分，又聪明能干，有上进心。而且他年纪比外甥女乌日娜大三岁，两人又都是林业职工，当时都单身，条件十分般配。虽然当时这个木材加工厂的效益已经不佳，面临倒闭，但倒闭之前，林业局为这个工厂有一定学历的正式工人提供了一个政策，即可以报考森林警察岗位。张德刚抓住这次机会并成功报考，结果公布时，他的笔试考了第一名，稳稳地获得了成为森林警察的机会。鉴于张德刚既优秀又有前途，乌日娜的老姨就当了一回红娘，为张德刚和乌日娜牵线搭桥。

第一回见面时，乌日娜觉得张德刚不爱说话，挺老实的，让她感觉特别靠谱。张德刚也一眼就喜欢上了乌日娜这个活泼开朗的女孩。两人彼此满意，很快就开始谈恋爱了。

那时，从巴林林业局到乌奴耳林业局坐火车得三四个小时。冬天，白雪皑皑，苗圃里的苗子一入窖，就没多少活儿了。因此，巴林林业局苗圃主任就对乌日娜说："你一个外地的年轻女同志，冬天没啥事就回家去吧，好好谈恋爱，等开春再回来上班。"

乌日娜和张德刚的恋爱进展十分顺利，两人很快就结婚了。婚后，乌日娜和丈夫张德刚的夫妻关系十分和睦。说起丈夫，她眼里和心里充满欣赏和感恩，洋溢着幸福和满足："那会儿在木材加工厂，他常年冬天跟着上山采木料、下山扛木楞，右肩被磨出一块小苹果般大小的死肉包，特别硬，好多年才消下去。"

"从第一回见面起，我就发现他话少，到现在他还是这样，不爱说话，但是他对我们双方家里的老人都特别孝顺，对我和孩子也特别好，生活节俭，从不乱花钱，非常顾家。我婆婆半身不遂很多年，一直都是他悉心照料，每天给她洗脸、洗脚，还经常帮她洗头、洗衣服被褥等。"

"他特别细心，我们家里的细活儿都是他弄。比如，我俩一起出门时，总是我先走，他在后头把家里挨个屋检查一下，看电源线拔没拔，煤气关没关，电灯关没关，窗户关没关。把大门关上后，他还要拿钥匙再给反锁一遍，锁成双锁。相反，我就比较粗心大意，稀里糊涂。有一回出门，家里冰箱门都没关我就走了。还有好几回晚上睡觉，我都忘锁门了，就那么睡着了，哈哈。反正我们俩性格就是这样，挺互补的。"

"他是森林警察，凡是单位安排给他的工作，他一定会尽心尽力完成。在办案时，无论是做现场勘察还是做笔录，他都细致入微；在攻克案件难点时，他更是锲而不舍，因此破案率很高。有一年他被借调到海拉尔市（现呼伦贝尔市海拉尔区）公安局协助办案。当时，一个犯罪嫌疑人不配合审讯，无论谁问都不肯交代案情，审讯无法取得突破。他就去跟那人唠，从白天一直唠到晚上，终于突破了犯罪嫌疑人的心理防线。到第二天早上三点钟，他把案件需要了解的所有细节都给套问出来了。公安局领导特别表扬了他，说别人审不出来的，全让他给审出来了，真是厉害！不过，因为他警察工作的特殊性，我从不打听他的工作细节，他也不多说。"

⊙ 2002年，乌日娜（后排左一）和丈夫张德刚结婚时与乌日娜父母的合影

第三章　创业克服万难

扫码解锁

◎群英颂歌◎力行求至
◎薪火相传◎奋斗底色

调回家乡

乌日娜和丈夫于2002年结婚。2003年，他们的女儿出生了，这是他们人生中最美好的事。但是，那时他们夫妻俩仍然分隔巴林和乌奴耳两地，且两人工作又都很忙，见一面都不容易。乌日娜不得不时常两地奔波，每次单程就要坐几个小时的火车，属实辛苦。同时，年幼的女儿也需要妈妈更多的陪伴与照顾。因此，她很想调回家乡乌奴耳，与家人团聚。

2006年，乌日娜终于抓住机会，成功申请从巴林林业局调到乌奴耳林业局的乌奴耳林场工作，回到久违的家乡的怀抱。

回到乌奴耳后，家人都希望乌日娜别再继续当苗圃技术员，因为这份工作实在太辛苦了。如果可以争取调进乌奴耳林业局做机关工作的话就好了，那样不仅能够更好地照顾家庭，还能够穿上整洁美丽的衣服，至少每天能坐在温暖明亮的办公室里工作，干干净净、舒舒服服的，多令人向往啊。毕竟，作为一名年轻女性，这好像是更多人倾向的选择。

乌日娜理解家人心疼自己的苦心，但她真心喜欢在苗圃工

⊙ 2016年，呼伦贝尔市乌奴耳林业局乌奴耳林场办公楼

作，苗圃才是能承载她的梦想与追求的家园。如果梦想有颜色，那么绿色就是她的"梦想色"。作为第三代林业人，乌日娜从小就见证过一粒种子从采集、筛选、催芽、播种、出苗、移植，最后栽到荒山上的整个过程。当她每天都能看到自己亲手培育的一片绿油油的小树苗时，她的心中就充满了喜悦和满足。她喜欢看着她培育出的那些嫩绿的小苗，在长到一定高度后，从苗圃移植到大自然中，经历风雨的洗礼，沐浴阳光和雨露，在或长或短的岁月里，最终长成参天大树。这个过程虽然艰辛，但是多么有意义啊！在乌日娜心里，所有小苗都像是她的孩子一样，她愿意永远呵护着它们。

所以，乌日娜并没有如家人期待的那样，转入机关工作，而是选择继续在乌奴耳林场当一名苗圃技术员。她依然每天穿着耐磨、耐脏、耐用、易洗的迷彩服，面对的依然是土壤、肥料、害虫、苗床、风吹日晒等。乌日娜心想：父母已经退休，他们把全部的青春都献给了大山。如今自己有幸回到家乡，正是应该接过父母那代人手中的"接力棒"，大展身手，用所学为家乡奉献光和热的时候。

承包苗圃

　　苗圃作为林业局的一个重要生产部门，其产量和质量直接关系到造林生产的成败。因此，苗圃的管理和运营需要专业型和技术型人才来进行经验积累和实践操作。

　　回乌奴耳林场工作的三年里，乌日娜在林业工作方面的丰富经验和她个人的沉稳性格、干练风格、负责态度以及强大凝聚力，都是有目共睹的。在领导眼中，她能够将所学到的知识灵活运用到实际工作中，这在艰苦的环境中显得难能可贵。她以勤劳和朴实的态度，完成了许多看似不可能的任务，在平凡的岗位上展现出非凡的才能。在工人眼中，工作中的乌日娜是一个非常实干的人。她对工作的安排非常严谨，总是一丝不苟地完成任务。她对质量的检查也非常严肃认真，都是亲力亲为，从不敷衍了事。她持久的工作热情让人敬佩，能几十年如一日地始终保持这种干劲儿。她的性格外向开朗，与工人们相处得非常融洽。在同事眼中，乌日娜的影响力非常大，她在工作中表现出极高的敬业精神和专业能力。她的技术水平过硬，无论是在理论知识还是实际操作上，她都表现出色。特别是在面对困难和挑战时，她总是能够迎难而上，从不懈怠工作，更不推卸责任。

2009年的一天，乌奴耳林业局分管生产的局长前来视察乌日娜负责的苗圃地。在与乌日娜的交谈中，局长得知她是扎兰屯林业学校毕业的，学的就是林学。局长随即说自己也是扎兰屯林校毕业的，论起来两人还是校友。他们聊得很投机，话题主要围绕苗圃展开。

局长回去后不久，有一天给乌日娜打来电话，让她去局里一趟。乌日娜有些不明所以，去了之后，局长开门见山地说："我找你是想谈谈让你承包咱们局里的苗圃。承包以后苗圃由你自己管理，收益也归你个人。之所以找你，是因为承包苗圃不是说谁都能胜任的，必须得会育苗和种树，这跟在自家地里种白菜、土豆可不一样。咱们局里有将近200亩苗圃地，承包下来，你能用得上的地也有100多亩。实话跟你说，想承包的人很多，但是承包给别人我不放心。毕竟，如果不懂种树，他承包后要是就种白菜、土豆之类的，那能行吗？咱这是苗圃地，哪能种那些呢？我全面了解过你的情况，认为你是咱们局里最懂育苗的人，因为你本身就是林校毕业的，还真心喜欢这一行。而且，你性格豪爽，做事踏实，有韧劲儿。所以，我和局里其他领导经过多方面考虑和评估，决定让你承包咱林业局的苗圃，让你干我们比较放心。我说完了，你愿不愿意承包？有什么困难都可以提出来。"

面对领导的信任与委托，乌日娜并不觉得意外，局里有那么多的苗圃地，确实需要有人把它们好好利用起来，充分发挥其生态价值和经济价值。但她心里很明白，一旦自己接下这项任务，就等于要长期挑起一副重担，将来要面对的挑战可不小。不过，她对自己有信心，于是她说："局长，我愿意承包。但我有一个要求：我承包苗圃后，您能不能正常给我开工资？因为苗圃有投入周期，不是说一下子就能见利的。今年投入资金，可能得等明年秋天或者后年春天才能见利。比如说落叶松苗，第一年播种下去，需要培育两年，到第三年春天才能出圃，见利特别慢。我只是一个小职工，现在一个月才挣四五百块钱，我爱人挣的也不多，我们还有老人孩子要养，基本生活得有保障。要是我把资金都投入苗圃里头，您再把工资给我扣了，那我前期怎么给雇来的工人开工资呢？您说是不是？"

局长说："你承包苗圃后仍然是林业局的职工，你这个要求很合理，没问题，工资会照常给你开。你还有没有什么别的要求与顾虑，或者有什么需要我为你做的，都可以提出来。"

乌日娜略一沉吟，说："别的就没有了，没什么要麻烦您和局里的了。既然您和局里信得过我，那我就好好干，自己投

⊙ 乌日娜（左）查看种苗农民的苗木长势情况

入、自己管理、自己收益，这样也挺好的。"

局长说："对你的能力和人品，我都是特别信任的。你就放心大胆地去干吧，以后有什么困难就找局里，我都会给你解决的。"

就这样，乌日娜承包下乌奴耳林业局近200亩的苗圃地。

创业维艰

承包下苗圃的头几年，乌日娜的主要任务是培育优质种苗，种植各种优良树种，以满足乌奴耳林业局每年造林所需的苗木。

育苗工作与农民种地一样，都需要付出努力，辛勤地劳动，进行精细的操作，任何一点儿马虎都是不允许的。不同的是，乌日娜那几年的育苗工作是根据林业局的植树造林面积要求来进行的，育出的苗木数量和质量会直接影响到林业局的营林生产。因此，如果这项工作做好了，那是理所应当的；而如果在育苗过程中出现任何差错，影响当年的造林任务，就需要承担相应的责任。而且，农民种地的收获周期短，可以一年一茬甚至一年多茬，如果当年种植没有达到预期的效果，还可以选择在下一季或下一年再次种植，以稍微补救损失。但林业完全不同，育苗、试验环节的一个周期至少要三五年，甚至更长。尤其是在高纬度的乌奴耳地区，要求树种能适应当地自然环境——夏天热不死，冬天冻不死，春天旱不死，这无疑是一种更严峻的考验。再者，苗木生产资金投入大，若经营不善，所有的人力、物力、财力投入都可能会"竹篮打水一场空"。

签下苗圃承包合同后，乌日娜就开始马不停蹄地忙起来，她亲自买农药、种子，负责育苗、招工雇工、安排工人干活。苗圃的工作种类繁多，包括浇水、施肥、除草、喷药、调整光照、测温、修剪、存储等等，任何一个环节都马虎不得，需要应对的难题也很多。

首先，苗圃在忙季时雇工困难。苗圃的工作季节性特别强。平时乌日娜有四五个比较固定的工人，他们都是长期在林业局工作的工人。但到了造林季节需要大量栽树或者换苗床（即将一片地的树苗移栽到另一片地）的时候，这四五个人就干不过来了。因为一旦起苗，如果不抓紧移栽完，不一会儿树苗就晒死了，所以得抓紧干完。这种时候，乌日娜还需要另外找雇工。然而，雇工并不好找，种树栽苗是辛苦活儿，年轻人不愿意干，年纪大的人又吃不消。而且，固定的工人也都有自己的事，有时候家里有事走不开，有时候因为生病或其他事情需要请假。还有就是，每年一到最忙的季节，比如春天造林的时候，乌日娜的苗圃得赶在这周播种，赶在那周栽树，但是这时林区的人都上山采蕨菜去了；又如秋天，当乌日娜的苗圃急着要起苗的时候，林区的人都在自家地里收土豆，或者进山采松子和榛子去了。"总之，雇人这方面很麻烦，有时候雇不到人只能干着急，能干活的都上山或下地了。"乌日娜这样说道。

其次，苗木抗病、抗虫、抗冻能力弱。乌日娜培育的兴安落叶松苗数量多，但落叶松苗容易得立枯病。从字面上理解，立枯病就是说树苗站着就枯萎了。基本上，只要是像松苗或云杉这类针叶类树木，其根部遭积水或暴晒都容易得这个病，因此必须提前做好防治工作。不过就算提前做好防治，也不能百分之百保证树苗不死。只有等到这些针叶树苗长成大树了，才能少得立枯病。因为树就像人一样，长大以后抵抗力就会增强。

但是大树也会生病，大树容易遭受虫害，其中对落叶松危害最大的就是松毛虫。松毛虫是枯叶蛾的幼虫，目前是对中国乃至全世界森林危害最严重的一类历史性虫害。每年春天，当落叶松大树刚长出新叶的时候，松毛虫就会出现，它以新叶为食，破坏性极强，严重时能将松树针叶全部吃光，从远看就像遭受了森林火灾，俗称"红色森林火灾"。

除此之外，一般每年的5月30日到6月2日之间种上苗后，

⊙ 乌日娜栽种的云杉树

到6月16日苗出土之前，很有可能还会有一场冻害，这场冻害容易把刚冒出来的小苗尖冻死。

夙兴夜寐

承包苗圃彻底改变了乌日娜夫妻俩的生活节奏，起早贪黑的忙碌成了他们的日常旋律，尤其是夏天。

每年7月和8月，每天凌晨三点半，当大多数人还沉浸在梦乡中时，乌日娜和丈夫就得起床开启一天的劳作。他们到苗圃里扛起沉重的喷架，铺好长长的水带，再去泵房启动电机，完成所有准备工作，等待四点钟工人来给小树苗浇水。"苗子种到地里以后，每天都要浇水。我们那个深水井里的水都特别凉，如果早上地也凉，浇上的水也凉，没有多少温差，苗子就不会被激死；可要是等到上午九十点以后，地都晒热甚至发烫了，再浇凉水，苗子就可能被激死了。所以，我们必须早起浇水。"

当然，整个乌奴耳镇勤劳的人还有很多。夏天，凌晨三四点钟，乌奴耳镇天光大亮，勤劳的人们已经开始忙活了，上山去采药、挖野菜等。因此，当地的早餐摊在夏天也都开得特别早。

　　乌日娜跟丈夫每天三点多起床往苗圃走的时候，好几家包子铺都已经开门了，热腾腾、香喷喷、暄软软的包子唤醒早起为生活奔忙的人们的食欲和精神。他们在路上顺便买好早餐，有时候赶得及吃一口热乎的，有时候买了来不及吃，因为要指导工人浇水。浇水工作一般要两三个小时才能完成，也就是从早晨四点到六七点钟。工人浇完水会回家歇会儿，但乌日娜和丈夫可歇不了，他们要把喷架一个个扛回原位，并整理好工具。一般忙活完已经是上午八九点了，早餐从买来到那会儿已经过去近五个小时，早已凉透，他们却毫不在意，随便吃几口就罢了。

　　吃完早餐以后，丈夫去警局上班，乌日娜则回苗圃办公室，继续安排其他工作，如带着工人上苗圃地里除草等，直到中午，工人回家吃饭后，她才休息。如果中午不太忙，乌日娜可能也会回家做顿饭，不过这种时候不多；大多数时候，她都很忙，没时间回家，就买点儿吃的在办公室吃，或者泡碗方便面对付一口。有时候中午忙得连工人也没时间回家，大家就一起在苗圃里吃，吃完接着忙。总之，他们一天忙个不停。

　　傍晚五六点钟，太阳落山后是打药的时间。虽然打药早上和晚上都可以，但一般早上要浇水，就没时间打药。而且刚浇完水的苗圃地土壤太湿润，泥泞不堪，人进不去。为什么要等太阳落山后才打药呢？因为如果太阳还在空中，打完药后，树木还没来得及吸收，药就已经蒸发，根本起不到应有的作用。那么，打的是什么药呢？无非是除草剂、杀菌剂或杀虫剂之类的。

等打完药，工人就各回各家，这时候乌日娜的丈夫下班后来到苗圃，帮着她干会儿活。等当天的一切都忙完，乌日娜和丈夫才能换下迷彩服，穿上从家里来时穿的衣服，收拾工具，检查仓库，锁好门窗。有时候，他们身上、工具上都会沾满泥土，还需要到苗圃边的一条小河沟里清洗。忙完这些回到家里，最早也得八九点钟，晚的时候得夜里十点多才能到家。

当然，他们也不是每天都这么忙，偶尔也有空闲的时候，这主要取决于季节和天气了。什么时候能空闲下来呢？下雨天就是他们的休息日。如果雨下个不停，把地都浇湿了，人进不去，就给工人放假，乌日娜也能休息。为什么地湿了人就进不去呢？因为乌日娜的苗圃地里石头和沙子少，土特别黏。那为什么苗圃里石头和沙子少呢？因为地里如果石头多，浇水时容易流失；如果沙子多，土地升温快，日晒时容易把苗烫死。于是，每年不太忙的时候，乌日娜就会组织工人拿筐在地里捡石头，捡完扔出去。所以她的苗圃地里大都是黑黏土，只有在晴天才能干活，阴雨天泥土粘脚，只能休息。

那么，乌日娜盼望下雨天吗？既盼，也不盼。盼，是因为下雨天能难得地休息一下；不盼，是因为一下雨，苗圃地里的

⊙ 乌日娜在苗圃除草

杂草就会嗖嗖地长得飞快，而且雨水越多，它们长得越快。在地上，杂草会跟苗争夺阳光和水分，在地下，杂草还会争夺营养，影响树苗通风。所以雨一停就得赶紧除草。"苗和杂草长在一起，不能老打除草剂。苗娇气，跟草一样也怕除草剂，喷除草剂时即便再小心地避开苗只喷草，那苗也难免连带死伤一部分。所以除草都是有讲究的，打除草剂也得分时候、分阶段打，大部分时候得靠人工拔除杂草。"

可怕的蜱虫

自从承包苗圃后，乌日娜每天要操劳思虑的事特别多，要克服的困难也多。其中，有一个不得不提的麻烦就是蜱虫。

林区到处是草丛和树木，在林区工作，不可避免地会遇到蜱虫。蜱虫是一种寄生虫，特别喜欢栖息在草丛、灌木丛和树丛间，还喜欢侵袭人类。乌日娜介绍说："蜱虫是学名，我们当地人一般管它叫草爬子。它个头小，却爱咬人，吸人血，防不胜防。我们这边每年都有很多人被草爬子咬伤，被咬后容易感染或患上传染病，甚至有人因此患上森林脑炎而不幸去世。有些人虽然被救回一命，但却留下森林脑炎后遗症。这些后遗症患者，身子歪斜，脑袋立不起来，说话、走路、反应都跟正常人不一样，非常可怕。我们牙克石的林业医院治疗森林脑炎的技术，在全国都出名。像我们这样的林业职工，每年都要接种森林脑炎预防针，年年都打，但年年也都会挨咬。本地那些没打疫苗的人根本不敢上山，有的人即使打了疫苗也不敢上山，都怕被草爬子咬到。"

乌日娜整天泡在苗圃地里，被蜱虫叮咬吸血是家常便饭。基本上，她每天都能从自己身上抓到蜱虫，有时候她还没被咬到就幸运地发现了；有时候，被咬了一时也发现不了，因为蜱虫只要接触到人的皮肤就会开始咬人吸血，而且它正叮咬吸血的时候人是没有痛感的，等过会儿觉着痒痒，才知道被咬了。再有，蜱虫的爪子特别尖，带钩齿，能够牢牢地附着在人身上，根本抖搂不下来，得用手揪下来。每天从苗圃地里收工回家时，乌日娜都要脱下衣服帽子，仔细检查身上的皮肤，看有没有被叮咬的痕迹，再里里外外地仔细检查衣服和帽子，看有没有蜱虫附着在上面。她还要反反复复地仔细擦拭衣帽，因为蜱虫很小，很善于隐藏，即使仔细找也不一定能发现，它们只要有个小旮旯、小褶皱就能潜藏其中。

说实话，乌日娜曾经也是怕蜱虫的。但是她说，从年轻刚毕业，还是个小姑娘时就开始在苗圃工作，这么多年了，她早已不害怕蜱虫了。每年蜱虫活跃的4月至10月，尤其是4月至6

月这个活动高峰期，也是乌日娜特别忙碌的时期。她每天在苗圃地里来回走，都能从自己身上抓到蜱虫。就连从单位大门到办公室那短短200米的路上，两边都是树，有时走着走着，就会有蜱虫从树上掉到她的手上或者脖子上。有一回，一只蜱虫刚掉到乌日娜身上正咬她呢，她感觉不对劲，一摸给摸下来了。此时蜱虫虽已经咬了她一口，但是还没咬破皮肤，乌日娜就抓着它了。最多的一回，乌日娜从自己身上、衣服上、帽子上接连抓了10只蜱虫。

乌日娜说："我被草爬子咬的次数可太多了。我的头皮里、耳朵后、后脖颈上，还有胳膊上、腰上、腿上，全都被咬过。有一回腿上被咬得特别严重，我一下就把它给拽下来了，当时我都忘了被草爬子咬住以后不能往下拽，因为它的牙还在我皮肤里头呢。拽下来后，我腿上留下了个小黑印儿，可小了，怎么抠也没抠下来。但是我想我已经打过森林脑炎预防针，应该没大事，就没当回事儿，也没上医院。我就自己在被咬的那块皮肤周围挤，把血水往外挤，但是那块皮肤还是肿了很多天，肿起一个大枣那么大的大红包。过了几天，伤口像是感染了，挤出挺多血水和脓水，还很痒。我有点儿不放心，就去医院问医生。我这是第一回被草爬子咬得这么严重，平常被咬了自己挤挤就没事了。这回咬我的这只草爬子是不是毒性大啊？因为草爬子有好多种，有的草爬子毒性小一些，有的毒性很大，你不能保证只会被毒性小的草爬子咬。医生问我现在发烧吗，我说不发烧。医生说，被蜱虫叮咬后致病的第一个症状就是发烧，没发烧那就没事。一般被咬后严重的第二天就会发烧，这时就得赶紧上医院打血清。有些人不知道是被蜱虫咬后感染引起的，就在家耽误了，那后果很严重。医生还说，这回咬我的这只草爬子确实毒性大，幸好我之前打了森林脑炎预防针，打了针，症状已经算是减轻很多了。唉，这么多年我就是这样过来的，一般被咬就被咬吧，也习惯了，都被咬皮实了。"

销售难题

经营苗圃面临诸多挑战：忙季雇工难，抗虫抗病抗冻难，起早贪黑干不完的活儿难，深受蜱虫之害亦难。但乌日娜基本能克服这些困难。尤其是在应对病虫害方面，她经验丰富，对每年什么时候会发生什么病虫害了如指掌，能妥善处理。因为读林业学校的时候她就喜欢钻研这个。对乌日娜来说，最难的是销售问题。

近年来，我国对生态环境的重视程度达到前所未有的高度，园林苗木行业随之迎来高峰，花卉苗木已经成为不少地方的支柱产业。但是，机遇与挑战并存，苗木行业早已成为一个充分竞争性行业。乌日娜说："每年秋天，在苗木的休眠期，我要起苗，并将它们存入窖中，以便第二年春天进行销售。但这个环节有时候会受阻。头几年承包苗圃的时候，我们林业局挺支持我的，每年所需的造林苗都会从我的苗圃取一部分，也帮我销售一部分到外地。但后期林业局用苗的量增加，而且更倾向于使用容器苗，对裸根苗的需求减少，因此开始面向社会公开招标。由于我的苗圃规模不够大，资金不够充足，实力条件不够参与招标。所以他们就不再大量从我这里购苗。除非招标量不够的时候，才会从我这里补一点儿。"

销售受阻，导致大笔资金投入不能及时回收，更别说盈利了。而且，买苗造林的季节性特别强，一旦树苗培育出来，若第二年春天卖不出去，可能就没人要了。再者，乌日娜那会儿主要培育的是造林苗，不是绿化苗，因此林业局并不需要，往外销售更是难上加难。如果销售不出去，苗子就积压在自己手里，不仅一部分会因死亡而损耗，继续培育还要成本。所以，乌日娜有时候窘迫到甚至没有足够的资金来支付工人的工资，这让她感到非常焦虑和无助。因为她深知工人们的生活很不容易，他们在苗圃辛辛苦苦地工作，理应按时拿到劳动报酬。

销售很劳心，平日苗圃的工作很劳力。苗圃春天要育种，夏天要浇水，秋天要造林，冬天要防冻，一年到头，乌日娜不得清闲。长期的操劳，使她照顾家庭的时间大大减少。沮丧的时候，乌日娜觉得，自己平时把全部心思都放在育苗事业上，虽然赢得工人的佩服和领导的认可，但唯独亏欠了家人。她觉得自己承担的家庭责任远远不够。作为妻子、妈妈、儿媳、女儿，哪个角色她都做得不够好。丈夫作为森林警察，工作辛苦且危险，却还要为自己的事业而受累吃苦；女儿入托、上学都需要操心，但自己却在她成长过程中没有给予足够的陪伴；婆婆偏瘫长期卧床不起，生活无法自理，需要有人全天候地照顾，自己却不能随叫随到；父母年纪越来越大，她也很少有时间去看望。

在这些牵挂与愧疚之中，乌日娜心底最放不下，觉得亏欠最多的，还是她那尚且年幼的女儿。忙碌时，她一日三餐都在苗圃解决，晚上要到八点多甚至十点多才能回家。女儿一直住在姥姥家，有时候十天八天才能看到乌日娜一次。每次去看女儿，乌日娜都会买一些零食给她。不过她知道，在女儿心里，再多零食也不能代替妈妈的陪伴。

坚实后盾

承包苗圃的重重压力与疏忽家人的深深内疚，差点儿压垮乌日娜。有一次，她对丈夫说："我不想继续承包苗圃了。"

乌日娜拥有一个深爱她的丈夫。丈夫百分之百地支持她的工作、事业和理想，不仅在语言上给予她理解和鼓励，更是用日复一日的行动支持她、温暖她。

见乌日娜的苗圃资金周转困难，没有钱给工人付工资，丈夫就主动提出自己去找亲戚朋友借钱，先把工人们的工资发

⊙ 2023年春节，乌日娜（左二）与父母、女儿合影

了，解决眼下的难题。夏天，见乌日娜浇水忙不过来，他就每天清晨起床跟她一起劳作，干完活再换好衣服匆匆赶去上班，连早饭都常常不能按时吃。有时候，看着他辛苦的样子，乌日娜会心疼地问他后不后悔帮自己干活，他总是笑着说："我不辛苦，也不后悔。夫妻本来就是一体的，我不帮你谁帮你呢？"

除了承包苗圃，乌日娜作为一名共产党员，在乌奴耳林场还兼任政工干事一职，需要负责安排和布置党员的思想政治学习活动，以及开展各种相关的工作任务。她经常需要用电脑写材料、做表格、打印、复印和扫描等。有些活儿她不会，都是丈夫自己摸索学会后，再手把手教她。"我丈夫是一个做什么都很认真的人，他脑瓜子聪明，又很执着。比如修电脑、做表格，或者安装打印机，使用扫描机等，这些东西他原本也不会，但他会去网上查找资料，反复尝试，或者是向别人请教，一定要把这些东西给学会、弄懂，然后在我需要的时候帮我或教我。"

乌日娜所承受的巨大压力，丈夫都看在眼里，疼在心里。他陪着乌日娜一次又一次地从困难中挺过来。他知道，妻子不是一个面对困难会打退堂鼓、会逃避退缩的人，她只是需要鼓励。于是，在乌日娜提出不想继续承包苗圃时，他真诚地对乌日娜说："我是你丈夫，有我和你一起面对这些困难，你不要怕，不要担心，也不用过意不去。我们还年轻，投入的钱可以慢慢挣回来。你想想，领导当初为什么要把苗圃交给你？还不是因为他们信任你的能力？你更要对自己有信心。万事开头难，现在的困难只是一时的。我会和你一起把苗圃经营好，咱们不急于求成，一步一步地努力，一定会越来越好的。"

工人们也都对乌日娜敬服有加，愿意跟着她往前走。他们说："乌日娜吃苦耐劳，脑子活络，能写会说，还肯为我们着想，对我们不抠门，全林场也挑不出她这样的能人。有这样的带头人，咱苗圃有奔头……"

正是因为有丈夫这么坚实的后盾，有领导和工人们对她的信任，乌日娜才彻底坚定经营好苗圃的信心："我是党员，既然承包这个苗圃，就不能退缩。无论遇到多大的困难，总会有解决的办法。我一定会把苗圃越办越好。"

当然了，在工作间隙，乌日娜也会尽量抽出时间与家人沟通。她的父母都是林业人，因此都能够理解她的工作，也都支持她。女儿渐渐长大，也以有这样的妈妈为荣。女儿小时候一直由姥姥照顾，她很期待每天都能看到妈妈，因为她经常想妈妈。她小时候一直不明白自己的妈妈为什么总是这么忙。有一次，她和爸爸一起去妈妈的单位，看到妈妈正在苗圃里和工人们一起给树苗浇水。尽管当时气温有30℃左右，妈妈还是得戴着草帽，穿着雨衣、雨裤和水靴，浑身都被汗水湿透了，脸上满是汗水和泥土，看起来非常辛苦。看得她直为妈妈心疼。从这以后，女儿好像一下子长大了，再也不埋怨妈妈陪伴她的时间太少，因为她知道妈妈做的是很有意义、很伟大的事。女儿的理解和支持，给了乌日娜无限温暖和巨大的力量。

第四章 "绘就"不墨青山

扫码解锁

◉群英颂歌◉力行求至
◉薪火相传◉奋斗底色

优秀答卷

习近平总书记"绿水青山就是金山银山"的重要思想，早已在乌日娜心里落地生根。她坚信，种下绿色，就能收获美丽；种下希望，就能收获未来。

在乌日娜眼里和心里，育苗工作是如此神圣。让那一棵棵幼苗茁壮成长，然后一批批移植到山上、庭院、公园，这是她终生挚爱的事业。她能预见到，她培育的那些幼苗，终会成为一片越来越辽阔茂密的森林，为人们提供清新的空气和美丽的风景。她能感受到大自然的回馈，那种与自然和谐共生的感觉让她心旷神怡。有诗云："青山不墨千秋画，绿水无弦万古琴。"其中前半句的意思是：青葱的山岭，宛如一幅千年不腐、不着笔墨的山水画。有时候，乌日娜站在山头远眺，由衷地觉得，青翠的群山比任何画卷都要美。

正因如此，乌日娜才能十数年如一日，带领工人们每天起早贪黑，以苗圃为家，与树苗为伴。其实，苗圃地里的很多工作都是枯燥、脏乱且辛苦的，但在乌日娜眼中，每一天、每一株苗木都有细微的生长变化，这些变化让她欣喜。她把全部心思都投入在她热爱的苗圃事业上，苗圃就是她的一切。育苗工作不仅仅是她的爱好和任务，更是她的责任和使命。

岁月更迭，风吹日晒使乌日娜的迷彩服早已失去原本的色彩，变得黯淡无光，而她原本白皙的皮肤也被太阳晒得黝黑粗糙，失去往日的光泽。乌日娜的手上满是厚厚的老茧，这些都是她辛勤劳作的光荣痕迹，但也让她失去传统意义上女性应有的美丽。然而，当她走进绿油油的苗圃地，看到那些将来要把根深植在大山里的一棵棵树苗时，她的眼睛就闪闪发光，她的内心充满快乐和憧憬。这些树苗的勃勃生机，也让她感受到一种无与伦比的力量。虽然自己的外表已经不再年轻美丽，但内心的满足和喜悦却让她感到无比安心和幸福。

乌日娜的技术和人品也吸引到一批愿意跟随她的工人。在她苗圃干活儿的工人，她会给出两种工时选择——每天工作八小时制和十小时制，工资按工时计算，工人可根据自己的情况自行选择，这一安排很人性化。虽然十小时制能挣得多一些，但大多数工人都愿意选八小时制。对此，乌日娜表示十分理解，因为一天十小时的工作量确实不小。"育苗这活儿不像坐在办公室里头，"乌日娜说，"就是一天坐办公室里十个小时也挺累的，更何况是在外头干费体力的活儿呢。"

乌日娜苗圃里的工人中有些是家庭妇女，她们都乐意给乌日娜干活，因为这能为家里增加点儿收入，给自己多一份保障，而且劳动强度也不算太大。除此之外，她们愿意给乌日娜打工还因为乌日娜为人爽快，待人真诚。她从不会硬催着她们赶进度，凡事都有商量、有尊重、有理解、有人性关怀。比如，有一次，乌日娜的苗圃需要在早晨打药，她问一个工人几点能来，最好六点钟开始打。工人说家里有点儿事，问她六点半来行不行。乌日娜爽快地说："行，也不差那半个小时。"有时候天气热，乌日娜下午去苗圃的时候，还会给工人们买雪糕、西瓜送过去。到了端午节、中秋节，乌日娜总会给工人们买点儿东西，比如一人十斤鸡蛋或两斤月饼之类的，虽然不值多少钱，但是她的心意工人们都能体会到。总之，她宁可自己省吃俭用，也绝不从工人身上克扣。乌日娜总是想着一定要对工人好点儿，哪怕自己再难，也绝不能拖欠工人的工资。她说："我对工人吧，就有个原则，那就是用心待人家，尊重人家。"

人的善意都是相互的。工人们都是本地人，都很淳朴，讲究礼尚往来。一到秋天，家里种啥菜了，就给乌日娜送点儿。知道乌日娜不会包粽子，端午节时还有人包好粽子给她送来。乌日娜和工人们彼此相处得特别融洽。

苗圃里有汗水也有欢笑，森林里有诗篇也有故事。一分耕耘，一分收获。成功总是眷顾着有理想、有目标、持之以恒又有凝聚力的人。在短短的几年时间里，乌日娜和工人们共培育

⊙ 2015年，乌日娜（站立者）查看容器树苗的栽植

500多万株造林苗木和60万株留床苗木。这不仅满足了林业局每年的植树造林需求，还为市场提供了部分苗木，给林业局交出一份优秀的答卷。

调整结构

经过几年的苦心经营，乌日娜承包的苗圃已进入稳步发展的阶段。它不仅能够满足乌奴耳林业局每年的植树造林需求，还能为市场提供部分优质苗木。

乌日娜与林业局签订的苗圃承包合同最开始是三年一续。经过几年的植树造林，林业局的造林任务基本完成，已经没多少需要造林的土地。"造林地终归是有限的，1000亩就是1000亩，栽满了就没地方再种了。"乌日娜说。在那些能种树的山上，第一年栽完树，比如说成活率为50%；第二年会补种一些，成活率可能提升到70%；第三年再接着补种，成活率可达到90%。总之，随着一年年补种，成活率越来越高，补种量逐年减少，对树苗的需求也随之减少，直至最终不再需要。植树造林不像种庄稼，可以一年割一茬。封山育林政策实施后，一旦树种成活，就能持续生长几十年甚至更长时间。因此，经过几年的努力，现在基本上已经没有需要林业局造林的地方了。

没有造林任务后，乌日娜就把育苗地归还给营林公司，只承包几十亩苗圃地。她调整苗圃的种植结构，基本上不再培育造林苗，而是根据本地区的需求来决定种什么。同时，合同也由原来的三年一签改为一年一签。"我现在基本不育小苗了，主要种大树、花木和药材。大树可以用于工程或者绿化，比如种在铁路两旁、马路两旁、园林绿地中。花木和药材都好卖，有市场。近年来中国经济发展迅速，城市化进程不断加快，城市生态环境的改善越来越得到重视。国内城市绿化建设的市场容量呈现几何级数的上升，同时，国家也在大力推广新农村建设，这些都给绿化工程业务带来更大的商机。"乌日娜说。

2009年，乌日娜自筹资金20万元，结合当前的造景需求和城市园林绿化建设的特点，经过一段时间的努力，成功引进并培育出沙棘、樟子松、糖槭、紫丁香等优良树种。这些新引进的树种，不仅适应当地的气候、土壤等自然环境，而且有利于生态保护乃至物种保护，其中很多还具有经济效益。比如，沙棘具有较强的生命力和快速的繁殖能力，也有悠久的药用历史，享有"维生素C之王"的美称，农民可以通过采收沙棘的果和叶来增加收入；樟子松生长较快，耐寒性强，寿命长，材质好，既可作为庭园观赏及绿化树种，也是东北地区主要的速生用材树种，同时也是防护绿化、水土保持的优良树种；糖槭喜光、耐旱，喜干冷气候，耐轻度盐碱，生长迅速，树冠广阔，是理想的园林绿化树种；紫丁香芬芳袭人，是我国特有的名贵观赏花木之一，已有1000多年的栽培历史，在中国园林中一直占有重要地位。

当然，培育新树种的过程并非一帆风顺。乌日娜说，每种树木都有自己的习性。比如，沙棘最适宜生长于砂壤土中，黑土也可以。乌奴耳地区大多是黑黏土，含砂土壤少。她刚开始栽植沙棘的时候，在含砂量比较多的地方种，培育效果很好。然而，到了第二年、第三年，由于缺少可用的砂壤，乌日娜就试着在黑黏土上种植沙棘。刚开始长势还可以，后期就明显不如在砂壤土上种的沙棘长得好。尽管乌日娜带领团队给沙棘叶面追肥，根部松土透气，在肥料的分量、时间、浓度上都进行试验，培育出优质沙棘，但是这样一来，种植成本太高。而种植成本高、生长周期长、见利慢的植物，是很难推广出去的，因为老百姓不认可。他们就想种点儿树，挣点儿钱，就这么个朴素的愿望。"不光沙棘如此，很多树种在推广时都面临同样的问题。所以对某些树种，我一开始也是试验性种植，摸索着前行。"

⊙ 乌日娜种植的樟子松

"绿色银行"

乌日娜自筹资金20万元，引进并培育新树种的尝试取得成功。通过科学的种植技术和合理的管理措施，这些新树种苗壮成长，不仅为林业局增加新的生态保护和园林绿化树种资源，还有效提高林分质量（指森林内部的结构特征和生态功能的质量），促进了生态平衡。在这一过程中，乌日娜个人也获得超过30万元的经济效益。这不仅是对她辛勤付出的回报，也是对她自筹资金投入的一种奖励。

在林业局党委于2010年所开展的党建主题实践活动中，乌日娜荣幸地当选为全局"党员致富示范户"。

当自己的日子好起来之后，乌日娜就开始积极帮助和扶持其他人。特别是在就业方面，她主动与林业局党委合作，为20余人提供就业机会。这些人在她的帮助下，不仅找到稳定的工作，还得到良好的技能培训和发展机会。

除了就业帮扶之外，乌日娜还经常向林场职工宣传育苗栽树所带来的良好生态效益、经济效益以及其广阔的发展前景。

她以培育"绿色"为己任，积极做"绿色"的传播者、宣传者，努力将绿色理念传递给更多的人。她希望能够通过这种方式，引领职工群众的思想观念发生大的转变，鼓励他们利用自家的菜园地进行育苗种树。

为了说服大家，乌日娜为大家详细计算利用菜园地育苗种树的经济账。假设每个家庭都有一亩或者半亩的菜园地，大家辛苦劳累地种植蔬菜，但是到头来能吃的其实并不多，最后大部分都会因为无法及时消耗而腐烂丢弃，这无疑是一种资源浪费。然而，如果将菜园地用来培育树苗，然后再将树苗培育成树，那么三五年后，当这些树木被销售时，就能带来可观的经济收益。这就像是他们的家庭财富在不断积累，每一棵树都能成为他们的"摇钱树"，而这片菜园地也就变成了一个不断增值的"绿色银行"。

为此，乌日娜非常热情地向大家传授育苗种树的相关知识和技术，不仅提供苗木杀虫药物，还分享市场信息以及购销渠道。她经常到种植户的家中查看苗木的生长情况，手把手地传授给他们各种苗木管护技术，帮助他们提高苗木的生长质量。总之，只要是和培育苗木相关的事情，别人但有所求，但有所需，她都会尽力去帮助。

一天，有个人找到乌日娜，上她的苗圃来参观。乌日娜管这人叫张叔。张叔岁数挺大了，没有工作，妻子因病无法劳作，儿女也都不在身边。他家有块地，他跟乌日娜说："我看你苗圃里种树挺好的，能卖钱，我也想种点儿树苗。"乌日娜说："你有闲地，种树苗是个好主意，不过你得自己学着管理，因为你的地面积小，雇人帮你干活儿的话肯定不划算。"张叔说："我不雇人，就自己干。"于是，乌日娜建议他先种点儿云杉。张叔觉着行。乌日娜就帮他选购种子，并手把手地教他如何种植。乌日娜不仅教他种植，还时常帮他关注云杉的长势。她下班后，只要有空就去张叔家转一圈，耐心指导他。有时候上班提前来一会儿，也会上他家转一圈，看看他管理得怎么样。张叔这块地种的云杉苗后来卖得很好，赚了些钱。

后来，张叔听说芍药好伺候，便想改种芍药。而此时乌日娜自己也正在试验种芍药。芍药有很多优点：成本低，成活率高，即使在稍微贫瘠的山野土壤中也能生长，栽到苗圃地里更能长。此外，芍药皮实，即使除草的时候不小心碰伤了一点儿根，也不会死。芍药不仅能切花销售，其花苞和枝条在市场上也颇受欢迎，而且它的根部还有优良的药用价值，市场需求广泛。芍药根一般种植三年就可以挖掘出售，五六年的根最好卖。总之，它是目前最适合老百姓种的花木之一。乌日娜告诉张叔："你要想种芍药，最好直接种苗，种苗长得快，自己买种子育苗太慢，种子头一年播种到地里不出苗，得第二年才出，比种树还慢。你看我那么大片地，我都是直接种苗根，不育苗。"于是，乌日娜又给张叔提供买芍药苗根的渠道，并经常带着张叔一起研究芍药的种植技艺，帮他解决技术难题，直到他完全掌握种植芍药的方法。张叔那块地种了好几年芍药，经营得挺不错。

还有几个林场的职工，他们合伙开垦了一片地，种落叶松和云杉。他们基本上天天都能见着乌日娜，都想跟她学苗圃技术。乌日娜告诉他们："我也种了落叶松和云杉，你们跟着我操作就行。我这边苗圃浇水，你们也跟着浇水；我这边给树打药，你们也跟着打药。反正我这边怎么做，你们就怎么做。"

此外，还有一些偶然认识乌日娜，或者从别处打听到乌日娜的人，都慕名前来请教咨询。"我建议他们种的那些树苗都好卖，所以只要家里有闲置土地的，都想找我学种树。有的人自己整点儿树种子，有的人买点儿苗种，遇到技术难题就来找我。只要有人来咨询，我都会毫无保留地为他们解答。"

种植户们对乌日娜充满感激之情，他们对她的工作态度、管理能力以及对他们的关心和帮助都表示深深的感谢。有时候，他们会邀请乌日娜到家中吃饭。然而，她总是婉拒他们的好意。

在乌日娜的积极鼓励和带动下，目前乌奴耳地区已经有30多户职工和居民将自家房前屋后的菜园地改造成苗圃地，种植小黑杨、糖槭、云杉、樟子松、榆叶梅等经济树种和绿化树种。这一举措不仅为乌奴耳镇区增添了一道独特的风景线，也为当地经济发展和环境保护做出积极贡献。

⊙ 乌日娜培育的云杉容器苗

森林保护

乌日娜生于林区，长于林区，自步入社会开始工作以来，一直在林场任职，她对林场有着一生都难以割舍的深情。童年时大兴安岭的那场火灾永远刻在她的记忆中，因此她经常学习防火灭火知识，积极参与防火灭火宣传工作，向居民普及火灾预防知识和应急处理方法，帮助他们学习如何在火灾发生时采取正确的应对措施。少年时那片消失的、曾长着高粱果的桦树林，以及在巴林林业局工作时那棵被无辜砍掉的小云杉树，也让她意识到保护和爱惜森林资源的观念还需要深入人心。所以，她还经常组织志愿者一起开展森林环保活动，通过这些活动增强大家对自然环境的保护意识。

每年春秋两季的防火巡山，是林业局最重要的工作之一。乌日娜尽管承包经营着苗圃，但从没忘记自己依然是林业局的一名职工。每年防火戒严期，她都会戴上袖标，穿上工作服，带上写着"入山不带火，带火不入山""森林护我家，防火靠大家"等防火标语的横幅，到乌奴耳林场的管护区去巡护。乌奴耳林业局有八个林场，其中只有乌日娜所在的林场在乌奴耳镇本镇，其余七个林场全在山上。山上的七个林场，一到防火期，就会把入山那几条能进车的道路都封上，禁止车辆进入。有想上山采林的，靠跑山生活的，像采蕨菜、蘑菇、金莲花、坚果的人，都必须去林业局开防火证。有了防火证，并且没有随身携带烟火的人，才能上山。出于安全考虑，林业局一般只给本地人发防火证。

防火期间，乌日娜和其他林场职工每天分别守在各个入山口，检查是否携带烟火以及防火证。只要有人来，乌日娜就会跟他们宣传防火政策，并问询："身上有没有带烟带火？要是带了，就先把烟火放我这儿，我帮你保管，等下山的时候再来找我取回去。还有，一定要记住，入山以后，也千万不能做任何跟烟和火有关的事情。如果你们在山上发现烟火了，一定要赶紧向我们报告。"

因为林区居民都知道防火的重要性和火灾的严重后果，防火意识已经深入人心，所以他们一般都能主动遵守不带烟火入山的禁令。所以，当乌日娜问"带火了吗"时，一般得到的回答都是"没带，咱都是本地的，咱都知道上山不能带火，这可不是闹着玩儿的"。

不过，偶尔会有外地人偷偷上山，或者上山前不愿配合交出烟火的情况。乌日娜记得，自己第一回被安排在防火季巡护岗位上的那年，遇到一辆载着十几个外地人的车，他们随身带着香烟和打火机，却坚持要上山，被她拦下了。他们不愿交出香烟和打火机，说："咱好说好商量，我们是带了烟，但我们保证不抽。"

乌日娜说："那你们就先交给我，我替你们保管。万一到时候你们谁忍不住抽了呢？抽完烟头随手一丢，这路两边全都是枯草，现在这个季节，一点就着。哪怕当时你觉着烟头已经踩灭了，也有可能引发火灾。这种情况不是没发生过，想必你们都知道。"

那些人就是不同意交出烟和火，说："我们知道，我们会互相督促，肯定不会抽烟的。"

乌日娜坚持道："不是我为难你们，靠你们自己督促是不行的，你们要上山，就得遵守上山的要求。我们天天在这检查，就是为了杜绝一切火灾隐患。你想，到时候真要是着火了，冒着生命危险救火的会是谁？还不是我们林场的人吗？这是我们的家园！这是国家的财产！如果你们实在不配合，我只能向我们领导或者跟我们这边的森林公安局汇报了。"

不管好说歹说，那些人始终不肯配合，而且情绪越来越激动，说话越来越难听，骂骂咧咧道："这地方我们也不是第一次来，就没见过你这样的！还管我们要火？我们就不给，你能拿我们怎么样？"

⊙ 2023年防火期间，乌日娜在入山口堵卡

乌日娜不卑不亢地说："我们手臂上戴着袖标，虽然对你们没有执法权，但是我们有森林检查权。你们有义务配合交出烟火才能上山。"

后来，那些人终究拗不过乌日娜，乖乖交出烟火。领导后来听说这事，肯定了乌日娜坚持原则的做法，又对乌日娜和其他人说："以后再有这种事，你们一定要及时给场里打电话汇报。那种情况下，万一发生冲突，你们女同志能行吗？是不是？咱自己处置不了的，可以交给森林公安局管。既要站好岗，也要注意保护自身安全。"

乌日娜日后回忆道："我自己一个女人，带头和同事们跟对方十几个大老爷们僵持了快两个小时，心里还是有点儿发怵的。我从小就是这样的性格，虽然有点儿'虎'，有点儿'轴'，但只要是正确的事情，我会不畏艰难险阻，坚持到底！"

科学造林

我国很早就有在清明节时插柳植树的传统。历史上在路旁植树的做法是由一位叫韦孝宽的人于1400多年前在陕西首创的。韦孝宽（509—580），京兆杜陵（今西安）人，是西魏、北周时期的一位名将。自古以来，中华大地上官道上每隔一华里便在路边设置一个土台，作为标记，用以计算道路的里程，这些土台就是现在的里程碑的前身。公元553年，韦孝宽因军功被授予雍州刺史的职位。他上任后，发现土台的缺点很多，经风吹日晒，特别是雨水冲刷后，很容易崩塌，需要经常进行维修。这样不但增加国家的开支，也使百姓遭受劳役之苦，既费时、费力、费钱，又不方便。后来，韦孝宽经过调查了解之后，觉得种树比建土台好。于是，他毅然下令，在雍州境内所有官道上设置土台的地方，一律改种一棵槐树，用以取代土台。这样一来，种树不仅不失其标记和计程的作用，还能为往来行人遮风挡雨，并且不需要修补。韦孝宽的这一做法，无疑是造福百姓、为百姓减轻负担的重大举措。

到了民国时期，凌道扬、韩安和裴义理等林学家有感于国家林业不振，"重山复岭，濯濯不毛"，上书倡议设立植树节，这一倡议得到孙中山先生的赞许和支持。于是，1915年，中华民国政府规定每年清明节为植树节。1928年，为纪念孙中山逝世三周年，以及他一生提倡植树造林的功绩，政府将植树节的日期改为孙中山先生的忌日，即3月12日。新中国成立后，1979年，国家正式决定将每年的3月12日确立为植树节。

1981年在第五届全国人民代表大会第四次会议上，全民义务植树运动作为一项重大战略举措开始在全国范围内实施。

植树节的设立是为了倡导人们种植树木，鼓励人们爱护树木，提醒人们重视树木，激发人们爱林造林的热情，并且让每个人都意识到生态环保的重要性。每一棵大树的生长都对人类社会有相当大的积极作用。

值得注意的是，植树节并非中国独有的节日，而是一个全球性的节日，只不过不同国家的植树节日期不同。全年12个月，每个月都有国家在欢度植树节。

1999年，在巴林林业局，乌日娜第一次体会到植树的不易。从那时起，她就期盼着有一天科技的进步能减轻工人的负担。让她高兴的是，如今她所盼望的事情终于成真了，在植树造林方面的科学技术的确取得了显著的进步。

首先，是各种用于造林的车增多了。现在皮卡车、蹦蹦车等都能直接把苗给送到山上的造林地，而不是像以前一样，车开不上去，树苗只能卸在山下，工人们都得拎着桶装树苗和水。桶里一次装太少不行，得上山下山往返很多趟，装太多又没有足够的体力走到山上。"总之，就这样负重艰难地往山上走，有的时候得从山脚一直走到山顶，那得走多远啊！那山路多陡峭啊！那路多难走啊！一路上有杂草、塔头①、树枝、石

---

① 塔头，俗称"塔头墩子"，是一种高出水面几十厘米甚至一米的草墩，是由沼泽地里各种苔草的根系死之后再生长、再腐烂、再生长……周而复始，并和泥灰长年累月凝结而形成的路况。

头。你想啊，还没到造林地，还没开始正式干活儿，脚已经磨出血泡，累得上气不接下气了，真是太辛苦了！"乌日娜说。

其次，机械化程度提高。乌日娜介绍，以前植树造林时，山坡上机器上不去，工人们只能先用铁锹把地面的草皮子戗开，再往下挖，直到露出黑土后才能挖坑栽树。现在，有了胶轮车带着犁，可以轻松地把地给划开，划出深沟，这样就省得拿锹挖坑。从远处一瞅，一溜一溜的黑印清晰可见，那就是栽小树的基地。要是栽大树，就有一种机器可以直接在地里挖出坑来。总之，这些机器大大解放了人力，提高了效率。"以前两人一组栽树，一个挖穴，一个放苗，互相配合，但累死累活一天最多也只能栽500棵树，因为时间和体力都浪费在道上了。而现在两人一组，一天轻轻松松能栽1000棵树，早早就能收工。总之，以前10天都难以完成的造林任务，现在用不了3天就能完成。"乌日娜说。

还有，植苗方式也发生了变化。以前植树大多栽种裸根苗，而现在基本上不再栽种裸根苗了，因为裸根苗的成活率低，而造林是需要注重成活率的，成活率不高的话，第二年就得补植。"比如，有时候今年种一亩地的裸根苗，到明年一查成活率，甚至需要补植70%—80%，补植后还是会折损一部分，到第三年就还得接着补植。这样不仅增加了工人们的工作量，林业局所费成本也高。所以现在造林大都改栽容器苗。"

乌日娜说。与裸根苗相比，容器苗优点明显：在起苗和栽种过程中，能减少根系损伤，提高成活率；生长速度快，适应性强；机械化、自动化操作便利，能提高育苗效率；育苗不受季节限制，可以全年进行生产。"一般来说，栽容器苗第二年只需要补植30%左右，能大大节省人力、物力、财力。"乌日娜补充道。

内蒙古自治区是我国森林资源相对丰富的省区之一，是我国北方重要的生态安全屏障。从东到西，内蒙古自治区分布有大兴安岭原始林区和11片次生林区（大兴安岭南部山地、宝格达山、迪彦庙、罕山、克什克腾、茅荆坝、大青山、蛮汉山、乌拉山、贺兰山、额济纳次生林区），以及长期建设形成的人工林区。据2020年全区森林资源管理"一张图"更新结果显示，内蒙古自治区有人工林面积9900万亩，居全国第三位。人工林遍布全区各地，乔灌树种极为丰富。

这近一亿亩广袤的人工林里数不胜数的树木，都是一个一个乌日娜式的林业工人一棵一棵种下的，也是他们一年一年守护的结果。

第五章　成为林业旗帜

扫码解锁

◎群英颂歌◎力行求至
◎薪火相传◎奋斗底色

当上劳模

从1999年起，乌日娜始终奋战在林业生产一线，以忘我的工作态度和无私的奉献精神，将自己的满腔热忱全部倾注在家乡林业事业的发展上，在平凡的岗位上创造非凡的业绩，铸就了一座令人瞩目的绿色丰碑。她选择利国利民的造林事业，生态建设的时代号令也成就了她。她带领的苗圃队，自2006年开始连续十年被乌奴耳林业局评为"三八先进集体"。2015年早春，乌日娜被评为呼伦贝尔市劳动模范。

参加完市劳模表彰大会后，乌日娜又被呼伦贝尔市林草局推荐参评内蒙古自治区劳动模范。在得知自己被推荐，按要求填写参评表格的时候，乌日娜觉得自己不大可能被评上，于是没太在意，继续扎进工作中。

然而，没过多久，乌日娜便得知，自己已被评为内蒙古自治区劳动模范。4月24日，怀着无比激动又自豪的心情，乌日娜在内蒙古自治区首府呼和浩特市的内蒙古人民会堂参加完内蒙古自治区劳动模范和先进工作者表彰大会后，工作人员告诉她："您先不要回乌奴耳，因为我们之前推荐您参评全国劳动模范，现在评选结果已经出来了，您已经被评为全国劳动模范了。您先在区里的职工之家住下，等过两天和内蒙古这一届的其他全国劳动模范以及先进工作者一起去北京，参加4月28日将要在全国人民大会堂举行的全国劳动模范和先进工作者表彰大会。"

接二连三的喜讯，越来越高的荣誉，接连落到乌日娜的头上，让她觉得仿佛在做梦似的。她既兴奋又忐忑，既喜出望外又觉得不可置信，这都是真的吗？她想着自己不过是一名普普通通的林业职工，好像也没做出多么了不起的贡献，却能获此殊荣。在她看来，能到呼伦贝尔市接受表彰已是惊喜，到内蒙古自治区人民会堂接受表彰更觉无比荣幸，而现在自己竟然有机会，从一个地方林业局的苗圃里，走进全国人民大会堂去接受表彰，她真的不知该如何形容自己的心情。

从此，在乌奴耳林业局，"全国劳动模范"就成了乌日娜广为人知的另一个称号。

得知乌日娜被评为全国劳动模范，家人都为她高兴。"我丈夫一向话少，他就说了一句话：'我媳妇儿真不一般哪！'我女儿说：'妈妈太棒了！真为您骄傲！'我爸妈说：'没想到我姑娘在工作岗位上干得这么出色。不过，既然国家给你了这么高的荣誉，今后你更要好好干啊，不要辜负国家和领导还有跟着你奋斗的工人们的期望。'"乌日娜说。

2015年对全国劳动模范和先进工作者的这次表彰，是我国继1979年后时隔36年再次对这一群体进行的最高规格表彰。当年，中共中央、国务院共授予2064人"全国劳动模范"荣誉称号，授予904人"全国先进工作者"荣誉称号。

4月26日晚上，乌日娜带着家人的祝福与鼓励，坐上从呼和浩特发往北京的列车，并于27日早上抵达北京。迎接全国劳动模范和先进工作者的大客车已在车站等候，将他们送往长安街畔的中国职工之家酒店下榻。

4月28日，按表彰大会的着装要求，所有少数民族代表着民族服装，其他代表着正装。乌日娜是蒙古族，她穿上了隆重的蒙古袍，盛装出席。乌日娜记得，她所属的内蒙古自治区代表团共有70余人，当天清晨就早早地从职工之家出发，一路上都是绿灯，畅通无阻。早上8点，在人民大会堂门口，在几位内蒙古自治区领导的带领下，代表团举着牌子，接受安检后，列队迈进人民大会堂的辉煌大厅，找到各自的座位，等候表彰大会开始。"我的座位在后5区第29排，虽然离主席台可远了，但这样我反而更能感受到人民大会堂的气势恢宏和庄严神圣。"乌日娜回忆道。

上午10点，大会正式开始，全体起立，唱国歌。随后，大会宣读《中共中央、国务院关于表彰全国劳动模范和先进工作者的决定》。随后，全国劳动模范和先进工作者代表依次登上主席台，党和国家领导人亲自为他们颁发荣誉证书。然后，全国劳动模范和先进工作者代表宣读倡议书，向全国广大劳动群众发出倡议，号召大家用劳动为实现中国梦添砖加瓦，在协调推进"四个全面"战略布局的伟大实践中建功立业，争做有智慧、有技术、能发明、会创新的劳动者。

在热烈的掌声中，习近平总书记发表讲话。他指出："我们要始终弘扬劳模精神、劳动精神，为中国经济社会发展汇聚强大正能量。劳动是人类的本质活动，劳动光荣、创造伟大是对人类文明进步规律的重要诠释。正是因为劳动创造，我们拥有了历史的辉煌；也正是因为劳动创造，我们拥有了今天的成就。我们一定要在全社会大力弘扬劳模精神、劳动精神，引导广大人民群众树立辛勤劳动、诚实劳动、创造性劳动的理念，让劳动光荣、创造伟大成为铿锵的时代强音，让劳动最光荣、劳动最崇高、劳动最伟大、劳动最美丽蔚然成风。在我们社会主义国家，一切劳动，无论是体力劳动还是脑力劳动，都值得尊重和鼓励；一切创造，无论是个人创造还是集体创造，也都值得尊重和鼓励。"

"从全国范围来看，我们乌奴耳镇是个小地方，获得国家级荣誉不容易。记得20世纪80年代的时候，我们乌奴耳林业局密林林场的一名普通林业工人王居安，也是在林业生产第一线，荣获全国五一劳动奖章，他是我的榜样。"乌日娜这样说道，"还有近几年热播的林业题材的电视剧如《最美的青春》《青山不墨》《父辈的荣耀》等，我们全家都看了。其中，《最美的青春》讲述了塞罕坝造起万顷林海的故事；《青山不墨》以新中国第一位林业英雄、全国劳动模范马永顺的事迹为主要原型和基本素材；《父辈的荣耀》讲述了东北林场林业改革、治理、建设的变迁史。剧中的主要人物如冯程、覃雪梅，还有马永祥、郑毅，以及顾长山、陈兴杰等，不仅让我的爷爷奶奶、姥姥姥爷这些第一代林业人，我的爸爸妈妈这些第二代林业人，含泪回忆起自己激情燃烧的青春岁月，也让我和我丈夫这样的第三代林业人，被他们永不言弃的奋斗精神深深打动。我意识到，不管历史的车轮如何滚滚向前，年代的史诗永远是人的史诗；行业的神话永远是人的神话。作为新时代的一名劳模，我一定会继续以劳动为美，以劳动为荣，在平凡的岗位上创造出不平凡的业绩。"

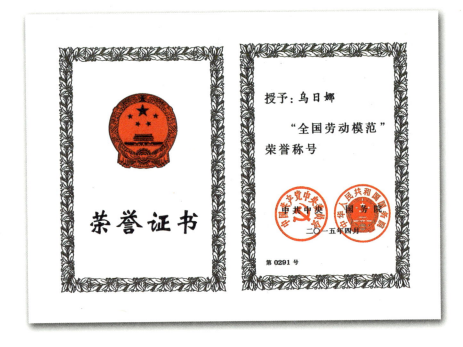

⊙ 2015年4月，乌日娜被授予"全国劳动模范"荣誉称号

成立工作室

作为"乌奴耳林业战线的一面旗帜"，2011年，在呼伦贝尔市林业局（现为呼伦贝尔市林业和草原局）的支持下，乌日娜带领团队成功组建育苗班组工作室。工作室的成立，提供了一个专业的平台，使他们能够更高效地开展苗木的培育工作，并一起攻克林业技术难题。

在工作室的引领和指导下，乌日娜的苗圃每年都能够培育出超过300万株的优质苗木。这个数字的背后，是他们多年来对造林树种和花灌木的精心付出。目前，他们已经成功培育出十多个品种的造林树种和花灌木，这些苗木的种类丰富，质量优良，从源头上杜绝病虫苗、劣质苗、多头苗等不合格的苗木出圃，能够确保所调拨苗木均达到优质壮苗的质量标准，因此，深受市场的欢迎。

在育苗技术上，育苗班组工作室始终坚持根据气候和实际情况进行科学管理，建立了一套完整的苗圃档案系统，用于记录每年各类苗木的生长情况、自然概况、立地条件等重要信息。记录和分析这些信息，对他们制定科学的育苗方案，提高苗木的质量和数量具有重要的指导意义。

在基础设施方面，得益于育苗班组工作室的指导，乌日娜的苗圃拥有3眼深水井、3套喷灌电机及动力电设备，以及现在正在使用的6套喷灌设施。此外，苗圃还设有一个储存苗木的窖，占地300平方米。这些设施为育苗工作提供了坚实的物质保障。

育苗班组工作室的人员除了乌日娜，还有几名林业经验丰富的工人，以及各个林场的资深技术员等。具体而言，成员包括：班组长1人，负责全面的工作；生产管理1人，负责生产的组织和管理；技术指导2人，负责提供技术支持和指导；季节生产工人13人，他们是工作室的主力军。在工作量大的时候，工作室还会从外部雇用临时工来帮助他们完成工作。

为了切实抓好每年的育苗工作，育苗班组工作室总是早筹划、早安排、早准备，精心制订育苗工作计划，层层分解任务，责任落实到个人。生产技术人员会跟班作业，在温室大棚中进行育苗生产技术和安全生产操作规程的现场示范讲解，对干部职工进行集中的实地作业指导，详细讲解育苗生产的技术要点，使干部职工的育苗生产技术和能力得到全面提升。同时，他们还会对跟班作业过程中发现的一些问题提出整改意见和办法，从而有效地提高整体育苗生产质量。

2015年，乌日娜荣获全国劳模称号之后，在内蒙古自治区总工会、呼伦贝尔市林草局工会以及乌奴耳林业局工会的鼎力支持下，乌日娜劳模创新工作室正式揭牌成立。这个工作室主要强调技术创新和自主创新的重要性，致力于吸引技术工人加入工作室，以便更好地发挥他们在育苗生产领域的作用。

乌奴耳林业局对劳模创新工作室的创建给予极高的重视。为了能够更好地服务于生产，林业局为乌日娜他们配置了一间面积为20平方米的工作室。这个工作室是为了更好地满足工作需求而设立的，为此，还购买了打印机、高性能电脑等办公设备和实验器材，以便于进行各种工作和实验。

劳模创新工作室设有技术创新小组11人和实践技能小组5人。这些小组成员包括林业高级工程师1人、林业工程师2人、林业助理工程师8人、技术员1人、技术工人4人。他们在各自领域内有着丰富的经验和专业的知识，能够灵活运用于实际工作中，共同为苗圃的发展助力。

技术创新是工作室的核心，其指导思想是坚持科学态度和求实精神，尊重知识和科学。乌日娜相信，只有充分发挥劳模在技术创新中的模范引领作用，才能带动广大职工与时俱进，推动育苗工作不断创新和发展。因此，她积极分享自己的经验和技巧，帮助团队成员不断提高自己的技能水平，使得工作室成为技术人员成长的摇篮和研发培训的重要基地。另外，工作室对在技术研究和生产过程中遇到的各种疑难问题进行了详细

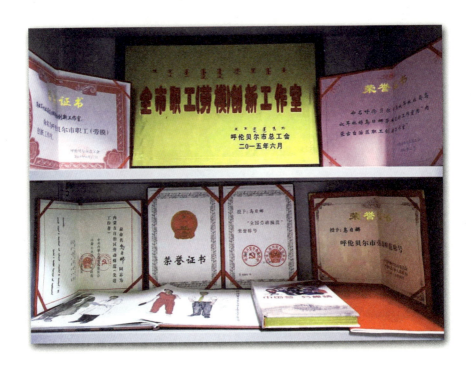

⊙ 乌日娜劳模创新工作室展柜

的总结和分析，形成了一套完善的生产技能标准。这不仅有助于提高工作室技术人员的业务素质，还有利于激发他们的创新能力。在实施自主创新的过程中，工作室每年都能涌现出新思路、新成果以及新技术。

尽管在乌日娜的带领下，劳模创新工作室已经取得了一定成果，但她知道，与上级领导的期望相比，工作室的工作仍然存在许多不足和差距。在今后的工作中，她将充分利用劳模工作室这个创新平台，进一步完善工作室的运行机制，不断开展各种创新活动，为实现苗圃又好又快的发展做出更大的贡献。

驯化推广

党的十八大作出了建设生态文明的战略部署，描绘了建设美丽中国的宏伟蓝图。建设美丽中国，需要林木种苗提供有力支撑，发挥特殊作用。

从林业系统自身来看，要完成建设生态林业和民生林业的总任务，不论是扩大森林面积、提高森林质量、增加森林蓄积量，还是生产更多更好的生态产品、保障国家木材安全和粮油安全，林木种苗都是不可或缺的基础，必须不断提供数量充足、质量优良、品种适宜的良种壮苗。

林业苗圃是进行园林苗木繁殖、培育和生产经营的重要场所，在进行林业苗圃建设的过程中，必须应用相关的技术来为林业幼苗提供更为适宜的生长环境，创造良好的培育条件。苗圃育苗技术是林业生产的基础，苗圃培育的林木良种直接决定了林业生产的质量。

乌奴耳地区多年平均气温为-2.9℃，极端最低气温为-50.1℃，极端最高气温为38℃。年平均日照时数为3238小时，无霜期年平均为95天。平均年降水量为374毫米。在这种气候条件下，许多苗木需要经过驯化才能完全适应，并在这片土地上茁壮成长。自2015年荣获全国劳模称号以来，乌日娜驯化过或正驯化的苗木有兴安落叶松、大果沙棘、榆树、暴马丁香、野生赤芍、樟子松、甘草、黄芪等。

2016年，乌日娜的苗圃在5.5亩的土地上新育了兴安落叶松苗，为供应林业局春季造林提供了9万株兴安落叶松苗。这一举措不仅满足了林业局的需求，还为林业局节省了每株0.05元的采购成本。到了秋季，乌日娜将其中的40万株兴安落叶松苗入窖保存，以便在第二年春季继续为林业局提供造林所需的苗木。并且，在2015年冬天已采取防寒措施的基础上，他们继续对暴马丁香进行驯化，以确保其能够适应寒冷的冬季。到了2016年，这些措施的效果非常显著，暴马丁香没有出现任何冻害。因此，在当年秋季，他们向林业局供应了绿化所需的暴马丁香，这不仅满足了林业局的需求，还为林业局节省了每株2元的采购成本。再者，在林业局的生态绿化建设中，乌日娜的苗圃无偿地为林业局提供了460棵沙棘树和2000棵榆树苗。这些树木的供应为林业局节约了15800元的成本。

2017年，乌日娜继续播种7亩兴安落叶松，为林业局造林提供了40万株树苗。这不仅为林业局省去了单株0.05元的采购成本，也为林业局的发展做出贡献。到了秋季，乌日娜将24万株兴安落叶松入窖保存，以备后续的使用和销售。这一年对乌日娜来说是充满挑战和机遇的一年。这一年她开始深入研究野生赤芍的种植和推广。作为一种著名的中药材，赤芍的应用历史悠久，用途广泛且需求量大。然而，由于赤芍的生长周期长，一旦被采挖就很难恢复，目前原产地的资源量已经严重下降，市场供应难以保障。此外，由于生产能力的下降和劳动成本的上升，乌日娜预见，在未来一段时间内，赤芍的供应量仍将继续下降。于是，她在2016年秋季就播种了2亩地的野生赤芍种子，进行实验性种植。2017年春季，乌日娜苗圃里的赤芍出苗率达到50%以上，且长势喜人。这让她看到了希望，也让她更加坚定继续种植赤芍的决心。

2018年，乌日娜新播种了5.5亩的樟子松。林业局为了造林，从她的苗圃中出圃了24万株兴安落叶松苗，并在秋天入窖保存23万株兴安落叶松。在前一年的基础上，她继续培育野生赤芍。在育苗工作室小组成员的精心管理和培育下，赤芍的生长状况非常好。当年，她将赤芍以成本价销售给本地区的四位种植户，他们对这些赤芍进行再培育。乌日娜提醒他们，赤芍需要5年以上的生长才能达到良好的药用价值和经济效益。乌日娜及其工作室成员无偿为各种植户提供技术指导，详细介绍赤芍的生长习性、选地整地及繁殖方法，并且向他们介绍如中耕除草、培土灌溉、摘蕾、间作、追肥等田间管理的注意事项，同时还分享种植信息和销售信息。这样的服务赢得广大种植户的好评，也为他们带来了经济效益。其中一位种植户在当年就获得了两万多元的经济收益。他对此非常满意，后来又采购了大量的赤芍种子，准备继续种植。

2019年，林业局采取多项积极措施来推动林业的发展。他们利用乌日娜的苗圃培育的大量的兴安落叶松苗进行造林，总共使用6万株。此外，乌日娜还对17万株容器袋苗进行灌溉，以确保这些苗木的生长和发育。这些苗木将用于未来的造林工作，以保证森林的持续增长。在这一年，乌日娜还进行一些新尝试，实验性地引进甘草和黄芪的种植。这两种植物都是药材，具有很高的药用价值。甘草始载于《尔雅》一书，在中国历代本草书籍中均有记载，还有"众药之王"的美称，它不仅是良药，能解多种毒性，还能调和百药。2021年9月，甘草被列入《国家重点保护野生植物名录》，且在《国家重点保护野生药材物种名录》中被列为二级保护物种。黄芪则以根入药，药用历史悠久，迄今已有2000多年的历史。中国最早的中药学著作《神农本草经》把黄芪列为"上品"。然而，由于长期大量采挖，近几年来野生黄芪的数量急剧减少，面临灭绝的危险。因此，国家将野生黄芪确定为渐危种，并列为国家三级保护植物。总之，种植甘草和黄芪，有助于这两个物种的保护和繁衍。随着市场需求的日益增长和野生资源的逐渐匮乏，人工种植的甘草和黄芪已经成为野生甘草和野生黄芪的重要替代资源。因此，这两种植物的市场前景都十分广阔。乌日娜认为这是一个极具潜力的推广项目，值得进一步研究和推广。

值得一提的是，试验性种植的工作并非一帆风顺，有一些技术或推广难题，一时之间并不容易克服。

乌日娜的苗圃在2014年播种了一些花灌木，其中包括暴马丁香。头一年的生长状况非常好，然而到了2015年春天，暴马丁香却出现了冻害问题，这证明其在过冬抗寒方面还有待于进一步驯化。2015年，乌日娜引进大果沙棘，当年的生长状况良好，成功地度过冬季，达到预期的效果。"但是，沙棘这玩意儿，它好几年才结沙棘果。一般能自己生产加工沙棘果的地方都是大规模种植，得有几百亩、上千亩的种植面积才行。老百姓家就一两亩地，或者多点儿的十亩八亩地。他们种下去后，一两年内见不着利，得等三五年以后才能见利，所以老百姓就不乐意种它。"乌日娜说道。

此外，乌日娜也种过红柳，但她发现红柳不是特别耐寒，而乌奴耳的冬天又特别寒冷且漫长。把红柳幼苗种在山坡后，第一年，因为它枝条柔软，冬天的时候可以通过在红柳树周围铺设厚厚的秸秆、干草或木屑等地被，把枝条压倒掩埋上，以此保暖防寒，度过第一个冬天没问题。但是到了第二年，红柳会继续长高长粗，枝条变高变粗就无法掩埋了，就做不了地上防寒。虽然乌日娜可以采取一些措施让它的地下根系不被冻死，但是它的枝条还是会冻死，这就是林业人常说的生理性干旱。这样一来，到第三年，它可能就死了，或者虽然能再接着生长，但长不成形。

⊙ 2023年，乌日娜（右）工作照片

金山银山

2022年，内蒙古和海南、福建、河南、青海五省区被列入全国森林资源价值核算试点名单。试点工作需要在2022年12月31日前完成。

全国森林资源价值核算，是国家林业和草原局与国家统计局联合下发通知决定开展的一项工作。试点工作以第三次全国国土调查结果为统一底板，依据第九次全国森林资源清查数据以及相关林草生态综合监测数据，对试点省（区）全域及以地级市为单位的区域，开展森林资源价值量核算。

这次试点工作意义十分重大，它标志着国家对自然资源的生态价值、经济价值、文化价值的核算方法从学术研究层面转向了实践层面。从此，"无价"的"绿水青山"有了实实在在的"身价"，成了真正的"金山银山"。

内蒙古是我国北方重要的生态安全屏障，是中国森林资源相对丰富的省区之一。从东到西，这里分布着大兴安岭原始林区和11片次生林区，以及长期建设形成的人工林区。据2020年全区森林资源管理"一张图"的更新结果显示，内蒙古全区森林面积4.08亿亩，居全国第一位，森林覆盖率达23.0%；人工林面积9900万亩，居全国第三位；森林蓄积量为16亿立方米，居全国第五位。天然林主要分布在大兴安岭原始林区和南部山地的11片次生林区，而人工林则遍布全区各地。全区乔灌树种丰富，包括杨树、柳树、榆树、樟子松、油松、落叶松、白桦、栎类等乔木和锦鸡儿、白刺、山杏、柠条、沙柳、梭梭、杨柴、沙棘等灌木。

内蒙古的牙克石林场，以其独特的山、水、林、草、湿地景观著称，天蓝水清，绿意满城，拥有得天独厚的生态旅游资源。2017年，牙克石林场被中国林业文联、中国林场协会授予"中国最美林场"荣誉称号；2018年，又获得"全国十佳林场"荣誉称号。乌奴耳林场是牙克石林业局下属的重要林场，是绿色内蒙古、绿色牙克石重要的有机组成部分。

2019年，美国航空航天局公布了一则关于中国的消息：他们的卫星监测到，近20年来，地球在逐渐变绿，植被覆盖面积增加了不少。而中国对此贡献最大，仅靠一国之力，就至少占了地球2000年到2017年植被总增加量的25%。多年来，中国的植树造林工作对全球绿化的贡献占比高达42%。《自然》杂志直言不讳地指出，地球变绿主要得益于中国的主导作用。联合国粮农组织也高度评价道："中国造林，全球受益。"

如今，伐木声早已不再是林区的主旋律，生态建设与替代产业发展已成为保护大兴安岭绿色林海的金钥匙。日益浓郁的绿色正在神州大地上铺展开来，这绿色不仅是中国林业和草原献给美丽中国的亮丽底色，也是全国人民奔向人与自然和谐共生现代化的厚重基石。

内蒙古被列入全国森林资源价值核算试点名单，这让乌日娜觉得无比欣慰和骄傲。其中，有千千万万个乌日娜式的林业人在千千万万个日子里坚持不懈地努力着。就像《父辈的荣耀》中的第三代林业人陈兴杰一样，乌日娜也是在林业学校完成学业，以知识和技术武装自己后，又回到林区，秉承林业人代代相传的优良品质，带着父辈的荣耀，承担起建设生态文明的重任，完成历史传承的使命。乌日娜把最美的青春留在了生她养她的乌奴耳林场，用生命描绘着青山不墨的宏大画卷。

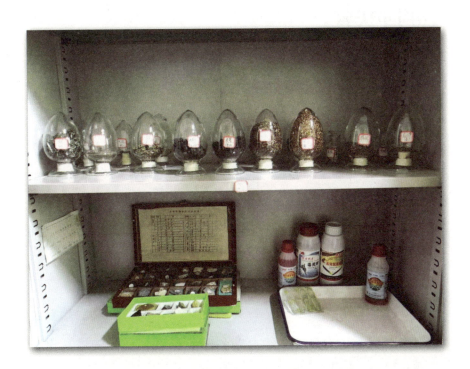

⊙ 乌日娜劳模创新工作室展柜

70周年庆典

壮阔七十载，奋进新时代。2019年的国庆节，乌日娜受邀到北京天安门参加新中国成立70周年庆典。这一天所经历的一切，她至今仍历历在目。

2019年9月16日，乌日娜接到内蒙古自治区总工会《关于邀请劳模代表进京参加庆祝活动的通知》，该通知中提到："呼伦贝尔市乌奴耳林业局职工乌日娜同志作为先进人物代表，被邀请参加国庆期间在北京举行的系列庆祝活动。"

9月29日11点40分，乌日娜抵达北京，下飞机后她就被送往中华全国总工会职工之家休息。根据活动手册的安排，出席活动的人员需在30日下午参加一个筹备会，并在会后与全国总工会的相关领导见面并合影留念。

活动手册还安排乌日娜等五位内蒙古自治区劳模代表乘坐一号车，于10月1日早上6点在车上集合，6点30分去往活动现场。乌日娜所乘车辆的行驶路线为：在景山西街停车场下车，进故宫神武门（安检验票点），沿着故宫西河，沿路穿过熙和门、故宫午门、故宫午门外广场、阙右门，进入中山公园东门，沿东侧路，出南门，经过六道安检后，最终到达西观礼台。

乌日娜环顾整个庆典广场，只见长安街上集结了各种预演列兵式的方队，其他观礼台的嘉宾也已陆续就座。标有"城市因我而美丽"的大型清扫车一趟一趟地驶过，把长安街清扫得一尘不染。电子屏幕上播放着历届庆祝大会的盛况以及《我们走在大路上》等系列节目，广播中则不断播放着到现场参加盛典并观礼的嘉宾名单，其中包括国家领导人、老同志代表、国家荣誉勋章及荣誉称号获得者代表、港澳台同胞、海内外侨胞、各民族代表、英雄模范人物代表，以及各国驻华使节、外国专家等。

在中华人民共和国成立70周年之际，作为劳模代表之一被邀请到北京参加这一盛典，乌日娜感到无比激动，又觉得无限光荣。置身于人头攒动的天安门广场上，乌日娜不禁想起之前在纪录片中看到的画面：1949年10月1日，那个永远为中华儿女所铭记的日子。就是在那一天，北京30万军民聚集在天安门广场上，举行了盛大的开国大典，人群、旗帜、彩绸、鲜花汇成一片喜庆的锦绣海洋。伟大的领袖毛主席在天安门城楼上，向全世界庄严宣告："中华人民共和国中央人民政府今天成立了！"这洪亮的声音不仅震撼了北京城，更震撼了全国，震撼了全世界，就此，开创了中国人民的新纪元。

70年后的这一天，乌日娜坐在了观礼台上，她怎能不情绪高涨，心潮澎湃？

上午9时57分，在欢快的乐曲声中，习近平等党和国家领导人来到天安门城楼主席台，向广场观礼台上的各界代表挥手致意，全场随即爆发出雷鸣般的掌声。天安门广场上的大型电子屏幕中出现了钟摆的画面。1949、1959、1969……2019，随着钟摆的摆动，这些表明年份的数字依次显现。

当，当，当，当……报时钟声响起，10时整，庆祝大会准时开始。一队训练有素的军人迈着标准的正步出现在天安门广场上，伴随着慷慨激昂的乐队奏鸣曲和70响礼炮声，国旗护卫队护卫着那面红得耀眼的五星红旗，迈着铿锵有力的步伐走向升旗区。全场所有人都不约而同地站了起来，热泪盈眶地注视着国旗，齐声高唱中华人民共和国国歌，鲜艳夺目的五星红旗冉冉升起，国歌合唱声气壮山河，歌声和旗帜一齐在天安门广场上空飘扬。

随后，习近平总书记发表了重要讲话，深情回顾了中华人民共和国70年波澜壮阔的历史。讲话结束后，习近平总书记乘坐的汽车沿着宽阔的长安街缓缓行驶，在雄壮的军乐声中，他依次检阅受阅部队。

"同志们好！""同志们辛苦了！"习近平的亲切问候极

大地振奋着军心。

"主席好!""为人民服务!"受阅官兵响亮的回答声震长空。

这是中国特色社会主义进入新时代后的首次国庆阅兵,也是共和国武装力量改革重塑后的首次整体亮相。这次受阅装备全部为中国制造,其中40%为首次公开亮相。坦克、战车、火炮、导弹、无人机……这些捍卫国家主权统一、领土完整、捍卫民族尊严和人民安宁的武器装备在天安门城楼前依次通过,热烈的掌声此起彼伏。

接下来是以"同心共筑中国梦"为主题的群众游行,10万群众、70组彩车组成36个方阵,分三个情景行进表演,生动展现中国共产党团结带领全党全国各族人民从站起来、富起来到强起来的伟大征程。在"我和我的祖国,一刻也不能分割……"的深情歌声中,在7万羽和平鸽和7万只气球的腾空飞翔中,在"歌唱我们亲爱的祖国,从今走向繁荣富强"的振奋旋律中,上午的庆祝大会圆满结束。

晚上的联欢活动从八点开始,开幕是以"我爱你,中国"为主题的礼花,70根烟花柱从长安街的两头向天安门广场汇集,随后当"70"字样的烟花在天空升起时,全场站起来大声高喊"我爱你中国"。联欢活动由主题表演、中心联欢表演、群众联欢和烟花表演组成。

乌日娜无数次回忆起新中国成立70周年庆典的一幕幕场景，无论是在庆典现场还是在事后的回忆中，她总是不知不觉地、不由自主地热泪盈眶，她的心中有一团奋斗的火焰在熊熊燃烧！

砥砺前行

46年前①，乌日娜出生在乌奴耳林场。她的祖辈和父辈都是林业人，她从小便热爱森林。

28年前，乌日娜如愿以偿地考上扎兰屯林业学校的林学专业，为以后更好地从事林业工作打下坚实的理论基础。

25年前，完成学业的乌日娜正式成为一名林业人，被分配到巴林林业局的苗圃部门当技术员。

22年前，乌日娜和同为林业人的丈夫在乌奴耳林场喜结连理，两人志同道合，共同守护着他们的美丽家园。

21年前，乌日娜的女儿在家乡的乌奴耳林场降生。

18年前，乌日娜申请调回到乌奴耳林业局的乌奴耳林场工

---

① 以下时间均以作者写作的时间点计算，即2024年。

⊙ 2019年，乌日娜参加庆祝中华人民共和国成立70周年大会

作，回到家乡的怀抱。

15年前，乌日娜承包林业局的苗圃业务，为林业局每年的造林任务而努力育苗。

13年前，乌日娜成功地创建育苗班组工作室，用专业的平台更好地进行苗木的培育工作。

9年前，乌日娜劳模创新工作室正式揭牌成立，该工作室强调技术创新和自主创新。这一年，乌日娜还大胆尝试新的种植项目，并被评为全国劳动模范，成为"乌奴耳林业战线的一面旗帜"。

近几年，乌日娜致力于大果沙棘、兴安落叶松、野生赤芍、樟子松、暴马丁香、甘草、黄芪等苗木的种植和技术推广工作。

5年前，乌日娜受邀参加新中国成立70周年庆祝活动。

乌日娜的祖辈、父辈和她这三代人，经历了由伐木人向种树人、护林人的角色转换。三代人一直坚守在他们热爱的乌奴耳林场这片土地上，奉献青春、热血和才智，承担着每一代林业人应尽的责任。

如今，中国的林业事业进入新时代，乌日娜有幸成为新时代的一分子，履行新时代林业人的使命，积极参与祖国的生态建设，只为让林场的天空更加湛蓝，让林场的水源更加清澈，让林场的山峦更加翠绿，让林场的环境更加美丽。二十年如一日，她坚持着"追梦绿色"的初心，在平凡的岗位上脚踏实

⊙ 2019年，乌日娜参加庆祝中华人民共和国成立70周年大会

地、埋头苦干、奋斗耕耘、无私奉献，用自己的实际行动诠释了一名共产党员"不忘初心、牢记使命"的责任和担当，谱写了一曲非凡的爱岗敬业、无私奉献的奋斗者之歌。

对于这片森林来说，二十余年的时间或许只是弹指一挥间，但对于为这片森林而奋斗的乌日娜来说，却是一年又一年的风雨兼程，是一万多个日子的无怨无悔。其实，乌日娜在培育树苗的同时，她自己又何尝不是一棵树呢？爸爸妈妈把她这颗种子撒在乌奴耳的森林里，她沐浴着时代的春风，接受着党的光辉，汲取着沃土的营养，经过数十年的风雨洗礼，逐渐从一株青葱小苗，长成了一棵挺拔秀丽的云杉，树冠如云，用自己的力量为大地撑起一片绿色的天空，增添一抹怡人的色彩。

乌日娜深知，自己作为乌奴耳林业局乌奴耳林场苗圃队的队长，能够获得全国劳模这一殊荣，离不开党组织、领导和职工群众对她的极大信任和鼓励。对此，她心存感恩。同时，她深知，全国劳模这一称号，既是荣誉，也是鞭策；既是肯定，也是鼓励。所以，今后她必定会更严格地要求自己，时刻勉励自己，以身作则，在工作上比以前更加努力。她要像一盏明灯，切实起到劳动模范的带头作用；继续弘扬劳模精神，不断创新发展，带领更多的职工群众发家致富；不断学习提升自己的能力和素质，以便更好地掌握林业新科技，让苗圃事业更上一层楼。此外，她还继续加大对育苗人才队伍的培养力度，加

⊙ 2022年，乌日娜工作照

强育苗技术的培训，有针对性地培养一批技术水平高超的人才，为林业的健康发展奠定基础。总之，她会积极地投身于这个时代的洪流中，用努力和智慧在乌奴耳的土地上谱写新时代林业工人热爱林业、建设林业、奉献林业的动人篇章。在自己平凡的岗位上，她不仅要坚定地做一个"追梦绿色"的带头人，还要做一个"造梦绿色"的领头人！

扫码解锁

◎群英颂歌　◎力行求至
◎薪火相传　◎奋斗底色

⊙ 2021年，乌日娜参加呼伦贝尔市庆祝中国共产党成立100周年大合唱